D0406548

Éloge
de la fragilité

DU MÊME AUTEUR

L'oubli, révolution ou mort de l'histoire, Paris, PUF, « Philosophie d'aujourd'hui », 1975 ; traduit en espagnol aux éditions Siglo Veintiuno sous le titre *El Olvido revolución o muerte de la historia*, 1977

L'artiste, Montréal, L'Hexagone, « Positions philosophiques », 1985

Une vraie rupture. Méditations sur Fitzgerald, Lawrence, Nietzsche, Montréal, Hurtubise HMH, « Brèches », 1987

Éros et liberté, Montréal, Humanitas, 1988

Du philosophe. Une attitude singulière et impersonnelle, Montréal, Triptyque, 1988

Vie, Montréal, Humanitas, 1990

Les ailes du songe. Rêve et réalité dans la bulle humaine, Montréal, Humanitas, 1992

La ligne de création, Montréal, Les Herbes rouges, « Essais », 1993 (prix de la Société des écrivains canadiens 1994)

À pierre fendre. Essais sur la création, Montréal, Humanitas, 1994

Méditations I. Penser et créer, Montréal, Humanitas, 1995

Le silence de la pensée. L'immanence une et multiple, Montréal, Humanitas, 1995

Méditations II. Voyager et combattre, Montréal, Humanitas, 1996

Logique de l'excès, Montréal, Les Herbes rouges, « Essais », 1996

La vie au plus près, Montréal, Liber, 1997

Le cœur silencieux des choses. Essai sur l'écriture comme exercice de survie, Montréal, Liber, 1999

Pierre Bertrand

Éloge
de la fragilité

Liber

Les éditions Liber reçoivent des subventions du Conseil des arts du Canada, de la SODEC et du ministère du Patrimoine canadien (PADIE).

L'auteur remercie le Conseil des arts du Canada pour son soutien financier.

Éditions Liber, C. P. 1475, succursale B, Montréal, Québec, H3B 3L2 ; téléphone : (514) 522-3227, télécopie : (514) 522-2007, courriel :edliber@cam.org

Distribution (Canada): Diffusion Dimedia, 539, boulevard Lebeau, Saint-Laurent, Québec, H4N 1S2 ; téléphone : (514) 336-3941, télécopie : (514) 331-3916

Distribution (Europe): DEQ, Diffusion de l'édition québécoise, 30, rue Gay-Lussac, 75005 Paris ; téléphone : 01 43.54.49.02, télécopie : 01 43.54.39.15, courriel : liquebec@cybercable.fr

Dépôt légal : 3e trimestre 2000
Bibliothèque nationale du Québec

PROLOGUE

L'histoire de l'homme est celle d'une séparation et d'une tentative pour combler celle-ci, pour rétablir le lien. Sans doute cette séparation est-elle originaire, ou se perd-elle dans la nuit des temps. Et ce qui la « précède », comme le paradis ou l'âge d'or, prend forcément la forme d'un mythe ou d'une fable. Cette séparation n'en revêt pas moins dans l'histoire plusieurs formes. On peut dire que Dieu apparaît lorsque le monde cesse d'être divin. Le monde est d'abord sacré et divin dans son inconnu même dont fait partie constitutive l'homme. Celui-ci est relié par toutes les fibres de son corps à cet infini mystérieux et sacré dans lequel il baigne, comme c'est sans doute encore le cas chez l'animal. Ce lien avec tout ce qui existe est ressenti comme une extase, sentiment d'éternité et d'harmonie universelle, sentiment vécu en deçà de toute pensée. Quand le contact avec le divin ou le sacré est coupé, Dieu apparaît comme le médiateur nécessaire. D. H. Lawrence résume bien la

situation: «Le monde ancien était entièrement et
religieux et sans-dieu. [...] L'ensemble du cosmos était
vivant et en contact avec la chair de l'homme, il n'y
avait pas de place pour l'intrusion de l'idée de Dieu [1].»
Dieu ne peut pas avoir créé le cosmos, puisque le
cosmos lui-même est divin. Dieu n'apparaît que lorsque
le cosmos devient «profane», et le cosmos ne devient
profane que lorsque l'homme coupe ses liens avec lui.
L'infini dehors, dans lequel l'homme flotte, fait place
à l'infime dedans, dans lequel peu à peu il s'enferme.
Au lieu d'être partie intégrante d'une Nature infinie,
qui est la divinité immanente, l'homme se donne la
première place, fût-ce comme fils d'un Dieu, lui-même
séparé ou transcendant. Dieu et l'homme sont inter-
changeables, ayant en commun la place qu'ils occupent,
à l'extérieur de la Nature, dans une position de
prétendue domination.

De «fragment minuscule», comme l'exprime
Spinoza, l'homme devient le nombril du monde, du
moins à ses propres yeux. En pensant se libérer d'une
Nature d'où il vient et qui l'englobe, l'homme s'emprisonne en lui-même et en ses fantasmes. C'est alors

---

1. D. H. Lawrence, *Apocalypse*, traduit par F. Deleuze, Paris,
Balland/France Adel, 1978, p. 176. On retrouve une intuition
similaire chez Maître Eckhart, dans un contexte chrétien et
mystique: «C'est en tout point l'intention de Dieu que l'âme
perde Dieu. En effet, tant que l'âme a un Dieu, connaît un Dieu,
sait un Dieu, elle est loin de Dieu. C'est pourquoi, c'est le désir
de Dieu de s'anéantir Lui-même dans l'âme, afin que l'âme se perde
elle-même. Car, que Dieu soit appelé "Dieu", il le tient des créa-
tures. Quand l'âme devint créature elle eut un Dieu: si elle perd
son caractère créé, Dieu reste à Lui-même ce qu'Il est. Et le plus
grand honneur que l'âme puisse faire à Dieu, c'est de Le laisser à
Lui-même et de rester vide de Lui» (*Traités et sermons*, traduit par
A. de Libera, Paris, Garnier-Flammarion, 1993, p. 399).

précisément que se fait sentir la nécessité de Dieu, et de la religion, pour *relier* l'homme et le cosmos. Dieu devient l'adjuvant nécessaire pour sortir de la prison de l'ego. Remarquons le rôle paradoxal joué par Dieu, tout à la fois symptôme de séparation et tentative d'union. Ce rôle joué par Dieu est dévolu chez Descartes à l'esprit et à ses idées. En fait, Dieu demeure l'ultime garant de la vérité de nos idées claires et distinctes, mais celles-ci passent au premier plan. Car c'est par l'entremise de celles-ci, sous la forme d'une preuve ou d'une démonstration, que la vérité de Dieu lui-même sera atteinte. C'est seulement par l'entremise de ces idées que l'homme a accès à la vérité, à savoir à la réalité. L'esprit s'interpose entre l'homme et le monde. Il faut voir, ici encore, que ce qui relie est aussi ce qui sépare. Quand on sent, comme Descartes, le besoin de prouver, par les idées et les raisonnements de l'esprit, l'existence du monde extérieur à l'esprit ou à la raison, c'est que la séparation est bien consommée. Dans un tel cas, tout argument, toute preuve ou démonstration supposent et confirment la séparation, loin de la réduire. Et pourtant, tout l'effort de l'esprit ou de la raison consiste à rétablir le lien.

Il y a là un cercle tragique.

L'effort même que l'on met à rétablir le lien souligne et élargit la séparation. Il semble n'y avoir d'autre issue. Plus la séparation est grande, plus on aspire à l'unité. Simple affaire de survie. De même que celui qui est en prison aspire douloureusement à la liberté. C'est à la science et à la technique que nous demandons de rétablir le contact avec la nature, contact qu'elles ont elles-mêmes contribué à rompre. Si la séparation est *hybris*, en ce qu'elle coupe l'homme de sa ligne d'oxygène, de ce qui lui donne naissance et confère

sens à son existence, est également *hybris* le moyen de
réunir ce qui est séparé. Sur d'autres plans, n'est-ce pas
là la fonction prêtée à la sexualité orgasmique, à la
drogue, à diverses formes d'inconscience, voire à la mort
comme fusion ultime?

Kant prolonge la séparation. L'homme n'a accès,
par la connaissance théorique ou spéculative, qu'au
phénomène et non à la chose en soi. Le phénomène
est le monde tel qu'appréhendé par la sensibilité et
l'entendement humains. Autrement dit, l'homme est
enfermé dans ses propres représentations, déterminées
par les formes de sa sensibilité et les catégories de son
entendement. Le seul accès au noumène ou à la chose
en soi est pratique, par la croyance. La chose en soi est
un pur inconnu.

Aujourd'hui, c'est le langage qui a pris le relais de
l'esprit, de ses idées et de ses représentations. Il est
devenu une partie du problème dans lequel nous nous
débattons. On insiste tantôt sur la rupture, sur l'autonomie du langage, sur sa clôture, sur ses lois intrinsèques,
sur le renvoi syntagmatique et paradigmatique des
signes les uns aux autres, tantôt sur le lien, sur la
tension et l'ouverture du langage en direction d'une
altérité ou d'un dehors. Tantôt nous sommes enfermés
dans le langage, comme nous l'étions dans les idées et
dans l'esprit, nous ne pouvons franchir son mur; tantôt
il est comme un doigt pointé qui indique, signifie ou
fait signe. Tantôt nous ne pouvons sortir du texte et de
l'intertextualité, nous sommes toujours pris dans un
déjà-dit, que ce soit sous la forme de la citation, de la
référence, de la critique, du commentaire ou de l'exé-
gèse; tantôt tout le texte est saisi au contraire d'une
vive tension qui lui donne une puissance d'immédiateté
et l'ouvre directement sur le dehors. Tantôt le texte

se complaît en des jeux de mots et de langage, étouffe sous une culture ou une érudition qui s'exhibe, se perd en ses raisonnements et ses arguments ; tantôt il explose tel un affect. Tantôt nous respirons un air confiné, tantôt nous sommes soulevés par un courant d'air venu d'ailleurs. En réalité, il s'agit de deux mouvements qui peuvent même avoir lieu simultanément, étant en accord dissonant l'un avec l'autre.

Quoi que l'homme fasse, il ne peut être qu'en défaut, qu'en manque, qu'en faute, qu'en dette face à un idéal qui peut servir de principe régulateur, pour parler comme Kant, mais qui ne peut, en aucune façon, s'incarner. Car dût-il s'incarner, il ne serait plus à la hauteur de lui-même, à savoir du pur fantasme. Il est forcé que l'homme se sente coupable parce qu'il y a une contradiction insoluble entre ce qu'il est et ce qu'il devrait être. Freud l'a bien montré : la conscience morale se fait d'autant plus sévère que nous l'observons avec exactitude puisque ce sont précisément les renoncements aux pulsions qui l'alimentent et la renforcent. Ou encore, pour parler comme Nietzsche, l'énergie de la conscience morale ou du sentiment de culpabilité n'est rien d'autre que l'énergie de l'agressivité ou de la cruauté, retournée contre soi [2]. Peu importe l'explication particulière que l'on peut donner du phénomène, le fait demeure que l'homme n'en a jamais fini avec la culpabilité, car il n'en a jamais fini avec son imperfection, ses manquements, son égoïsme ontologique du fait

2. S. Freud, *Malaise dans la civilisation*, traduit par Ch. et J. Odier, Paris, PUF, « Bibliothèque de psychanalyse », 1971, p. 86. F. Nietzsche, *La généalogie de la morale*, traduit par C. Heim, I. Hildenbrand et J. Gratien, dans *Œuvres philosophiques complètes*, Paris, Gallimard, 1971, p. 275-278.

que l'ego se prend par définition pour un centre, ses humeurs inégales et changeantes liées à des phénomènes physiologiques, chimiques, physiques, à des moments du jour, à des frustrations elles-mêmes alimentées par d'autres idéaux.

Tout ce qui s'incarne en effet est imparfait, fini, troué. Exister est toujours affaire de fragilité, de défaillance, de faiblesse, de vulnérabilité, de mortalité (ce pourquoi l'être soi-disant parfait, Dieu, *ne peut pas* exister)[3]. L'être parfait est un fantasme, seul le fantasme

---

3. « L'argument qui prétend démontrer Dieu par l'impossibilité que la Valeur par excellence puisse être démunie de l'existence ne m'avait jamais convaincu, car l'existence est peut-être une faiblesse, une défaillance » (J. de Bourbon-Busset, *Les aveux infidèles*, Paris, Gallimard, « Le livre de poche », 1962, p. 119). Voilà une réfutation de la preuve ontologique de l'existence de Dieu de Descartes, qui vaut bien celle de Kant ! On sait que Descartes « prouve » l'existence de Dieu à partir de l'idée d'un être parfait qui se trouve en nous, et qui s'y trouve à partir de l'expérience que nous faisons du doute (si nous doutons, nous sommes imparfaits, mais si nous sommes imparfaits, nous avons une idée de la perfection...). Or, argumente Descartes, cet être ne serait pas parfait s'il n'existait pas. L'essence ou le concept de Dieu implique son existence. Leibniz suit Descartes en ajoutant simplement que, pour que Dieu existe nécessairement, il faut que son idée ou son être soit possible, à savoir n'implique pas de contradiction. Kant objecte qu'on ne peut ainsi passer du concept ou de l'idée d'un être parfait à son existence. Comme il le dit très clairement et très systématiquement : « Être n'est manifestement pas un prédicat réel, c'est-à-dire un concept de quelque chose qui puisse s'ajouter au concept d'une chose. [...] Si donc je pense un être comme la suprême réalité (sans défaut), il reste toujours à savoir si cet être existe ou non. [...] Quelles que soient la nature et l'étendue du contenu de notre concept d'un objet, nous devons cependant sortir de ce concept pour attribuer l'existence à cet objet » (*Critique de la raison pure*, traduit par A. J.-L. Delamarre et F. Marty à partir de la traduction de J. Barni, Paris, Gallimard, « Folio », 1980, p. 520-522). Or, ajoute Kant, seul un objet qui s'offre à l'expérience, à savoir un phénomène, peut être ainsi posé

est parfait, mais tout ce qui existe est imparfait. Tout ce qui existe est fragile, incertain, jouet du hasard et de la nécessité. Tout ce qui existe est dans le temps et se transforme en lui. Cette transformation, même si elle produit des miracles, des révolutions, des mutations bénéfiques, fait partie d'un processus qui, tôt ou tard,

---

« en soi *hors de la pensée* » (p. 550), à savoir existant. Il doit être empirique, être donné dans l'intuition sensible, à savoir dans l'espace et dans le temps. Ainsi, l'idée de Dieu comme infini, éternel, omniprésent, omnipotent, etc., n'est qu'une Idée ou qu'un idéal de la raison pure, ou qu'un principe régulateur de celle-ci permettant d'introduire la plus grande unité synthétique et systématique dans notre connaissance (nous en demeurons ici au point de vue de la raison spéculative ou théorique, laissant de côté celui de la raison pratique). Hans Jonas, tout en disant autre chose, demeure dans le même esprit que Jacques de Bourbon-Busset et que Kant : ou bien Dieu en tant qu'être parfait ou tout-puissant n'existe pas, ou bien il existe, mais alors, il n'est pas parfait ou tout-puissant. En créant le monde, il s'est retiré, laissant toute sa marge de manœuvre à la liberté humaine. Une fois le monde créé, celui-ci mène sa propre affaire. La création s'impose au créateur. Le monde est une limite ou un obstacle à la puissance divine (*Le concept de Dieu après Auschwitz*, traduit par P. Ivernel, Paris, Rivages, « Petite Bibliothèque », 1994). Primo Levi, à partir de la prémisse « Dieu est tout-puissant, ou il n'est pas Dieu », doit conclure, compte tenu de l'existence du mal, qu'Il n'existe pas (*Conversations et entretiens*, traduit par T. Laget et D. Autrand, Paris, Robert Laffont, « 10-18 », 1998, p. 278). Rappelons que, déjà, le démiurge de Platon, tel que mis en scène dans le *Timée*, n'était pas tout-puissant, sa puissance étant notamment limitée par les formes intelligibles qu'il devait prendre comme modèles pour la production du monde sensible. Nous pourrions ajouter, enfin, que seul un Dieu imparfait, à l'image de l'homme, peut créer. C'est en effet toujours par insatisfaction, à partir d'une faille et d'une défaillance, ou pour sortir de l'enfer, comme le dit Artaud, que l'on crée. C'est pour se donner quelque chose dont on manque, se guérir, donner un sens à l'absurde, mettre de l'ordre dans le chaos, donner une forme à l'informe. Puisqu'on ne crée que par-delà soi-même, la création nous dépasse, nous en impose, loin que nous la dominions, la contrôlions ou la maîtrisions.

s'achemine vers une certaine dégénérescence et une sorte de fin. Tout ce qui existe est mortel, avançant à tâtons, digne d'admiration pour toutes les forces adverses qu'il doit affronter, objet de compassion pour toutes les défaites qu'il doit nécessairement subir. Tout ce qui est se trouve au milieu d'êtres et de forces, dont certains sont amis, d'autres ennemis. Il doit donc sélectionner ce qui est bon et écarter ou combattre ce qui est mauvais. L'issue n'est jamais garantie. Nous, les hommes, avons la fâcheuse habitude de comparer la réalité, et sa contingence, sa finitude, son imperfection, ses lacunes et son manque, à l'idéal ou au fantasme.

D'ailleurs, la réalité n'est dite imparfaite, en manque ou en défaut qu'en comparaison avec l'idéal ou le modèle. Considérée en elle-même, elle est, au contraire, infinie richesse, perpétuelle prolifération, source de toutes les valeurs, origine de tous les fantasmes, de tous les idéaux et de tous les modèles. La norme, l'idéal constituent un appauvrissement, une simplification, une standardisation ou une uniformisation de ce qui est. La norme n'est d'ailleurs plus définie, aujourd'hui, que par une moyenne statistique, traduction mathématique de la médiocrité. C'est par peur de l'infinie diversité et singularité de la matière et de la vie qu'on tente de leur opposer un modèle ou standard auxquels on leur enjoint de se réduire ou de se conformer. On a beau jeu de dire le réel imparfait quand on le compare avec l'irréel. Si l'irréel est parfait, certes le réel est imparfait. Le seul défaut de l'irréel, cependant, tout parfait qu'il soit, c'est qu'il n'existe pas ! C'est toute l'histoire du platonisme et de ce platonisme pour le peuple, pour parler comme Nietzsche, qu'est le christianisme. Il en est en fait de même dans toutes les religions du monde, qui dévalorisent le monde réel au profit d'un monde idéal ou fantasmé. Le fantasme est toujours celui d'un présent passé ou futur, âge d'or ou paradis perdu, apocalypse, utopie, etc., le fantasme pouvant être objet d'espoir comme d'appréhension. Le réel, quant à lui, est toujours de l'événement vivant, en train de se faire et d'advenir à l'intérieur d'un corps à corps. Autant l'homme se complaît dans le fantasme, autant il se sent perdu. C'est en prenant la réalité à bras-le-corps, quelle que soit la nature de cette étreinte, amour ou haine, qu'il se retrouve. Il peut enfin lutter et agir au lieu de simplement subir.

L'homme a un idéal de sincérité. C'était même là une obsession chez Kant et comme l'illustration exemplaire de son impératif catégorique : Ne pas mentir [4]. Mais Kant, comme d'ailleurs beaucoup d'autres

---

4. Le mensonge représente pour Kant le paradigme de tout mal. Il y consacre même un petit texte : *Sur un prétendu droit de mentir par humanité*, traduit par L. Ferry, dans *Œuvres philosophiques*, III, Paris, Gallimard, « La Pléiade », 1986. « La véracité est un devoir absolu », affirme-t-il (p. 439), et ne souffre aucune exception, même pas celle de mentir pour sauver la vie d'un ami poursuivi par un criminel qui nous demanderait si notre ami se trouve bien dans la maison. Car la moindre exception contreviendrait au principe d'universalité qui définit la loi morale. Sera morale en effet toute action dont la maxime pourra être pensée sans contradiction comme universelle. « La valeur morale doit être située uniquement en ceci que l'action a été faite par devoir, c'est-à-dire uniquement en vertu de la loi » (*Critique de la raison pratique*, traduit par L. Ferry et H. Wismann, Paris, Gallimard, « Folio », 1985, p. 117). Et celle-ci ne comporte aucun contenu en particulier, elle est une pure forme d'universalité. Or mentir n'est pas universalisable, car cela suppose au moins que celui qui croit au mensonge est véridique et ne ment pas. Mentir, quel que soit le motif qu'on peut invoquer pour justifier le mensonge, met en question la base de tout contrat et de toute entente (voir également *Critique de la raison pure, op. cit.*, p. 489-491).

philosophes qui s'inscrivent dans la même tendance, ne s'adresse qu'à une sorte de pantin rationnel qui ment sans le savoir, ou sans vouloir ni pouvoir le savoir, obnubilé qu'il est précisément par son rationalisme. Comme il est en effet facile de s'aveugler sur soi-même, sur ce que l'on sent, perçoit et pense, sur les « raisons » de ses positions. Tout système philosophique n'est-il pas l'œuvre d'un esprit habile et retors qui est parvenu à tout concilier ? Le criticisme kantien n'est-il pas, comme l'affirme Nietzsche, « une théologie *dissimulée*[5] » ? La volonté de faire système est a priori volonté de mentir, une fois dit que le mensonge le plus fréquent est celui que l'on se conte à soi-même. Et on voit en effet, dans les systèmes, tous les tours de passe-passe qui ont été nécessaires, toutes les conciliations et les réconciliations qui ont dû être faites afin que tout se tienne et entre dans la grille aménagée.

Pis encore, l'esprit de système est immanquablement mû par un désir de justifier rationnellement la réalité dominante. Il est volonté de puissance qui se trouve plein d'affinités avec les puissances en place. Celles-ci ne tentent-elles pas déjà, à leur façon, de faire système pour camoufler la violence qui les soutient ? Quels splendides édifices pour donner leurs lettres de noblesse aux plus grossiers rapports de forces ! Les deux plus grands systèmes philosophiques, ceux de Kant et de Hegel, ne sont-ils pas de majestueux édifices : l'édifice Kant abritant le christianisme et l'édifice Hegel abritant l'État, et notamment l'État prussien, l'Église

---

5. F. Nietzsche, *L'antéchrist*, traduit par J.-C. Hémery, Paris, Gallimard, « Idées », 1974, p. 20. « Les Souabes sont les meilleurs menteurs d'Allemagne : ils mentent en toute innocence. [...] Kant, tout comme Luther, tout comme Leibniz, fut une entrave de plus à la probité allemande, déjà mal assurée... »

et l'État étant les deux «vieilles idoles» ou «monstres froids», pour parler comme Nietzsche[6], qui ne veulent pas mourir et qui, tels des vampires, se nourrissent de la mort des hommes? Mais, pour parodier Artaud, de quel souterrain massacre leur éclosion n'est-elle pas le prix? Tout système est un viol du réel, une reconstruction plus ou moins brutale de celui-ci. Il tente de réduire ou de soumettre sa diversité à un modèle. Il prétend le soumettre à une certaine image ou un certain usage de la raison.

La raison, en effet, loin d'être universelle comme elle le croit, fait elle aussi partie de la diversité et de la pluralité du réel, et est toujours particulière, quant à l'époque, quant à l'intérêt ou au désir qu'elle sert, quant à ses modalités d'exercice. *La* raison s'est mise au service du christianisme, du nazisme, aujourd'hui du capitalisme. De faculté supérieure, voire divine, à la poursuite d'un sens transcendant, elle devient instrumentale, fonctionnelle, opérationnelle, uniquement soucieuse d'efficacité, de productivité, de rentabilité. Elle est assez «ployable» et «flexible». Elle peut raisonner, argumenter, prouver et démontrer, si le besoin s'en fait sentir, jusqu'au bavardage, jusqu'à la ratiocination, jusqu'à la sophistique, voire jusqu'au délire.

Plutôt qu'*une* raison, il y a une pluralité de processus de rationalisation. Mais un processus donné a souvent tendance à se prendre pour le seul authentique, le modèle. Une idiosyncrasie se prend pour la norme. Une particularité se prend pour l'universel. Dans le domaine de la politique, une culture se prend pour la

---

6. F. Nietzsche, *Ainsi parlait Zarathoustra*, traduit par G.-A. Goldschmidt, Paris, LGF, «Le livre de poche», 1983, p. 66 et 240. Voilà le mensonge de l'État, selon Nietzsche: «Moi, l'État, je suis le peuple» (p. 66).

civilisation, une nation se prend pour l'humanité, un groupe se prend pour le peuple. L'américanisation se dit mondialisation, le capitalisme se nomme démocratie. À une autre échelle, l'homme se prend pour le maître et le possesseur des animaux et de la Nature. C'est dire que la rationalité n'est pas à l'abri des rapports de forces et des luttes, quel que soit le domaine où elle s'exerce[7]. Du point de vue d'une rationalité qui émane

---

7. Ainsi, dans le domaine de la science: « Ce que les scientifiques reconnaîtront comme "rationnel" n'est pas déterminé par une norme extérieure à leur science mais constitue au contraire un enjeu sans cesse rediscuté et redéfini de l'histoire de cette science » (I. Stengers et J. Schlanger, *Les concepts scientifiques*, Paris, Gallimard, « Folio », 1991, p. 61). Également, dans le domaine du droit: « Le droit n'est plus cette rationalité supposée extérieure aux conflits qui permet de les trancher selon une logique d'application de la règle; le droit — le contenu et la valeur des normes — est devenu l'enjeu même des conflits » (F. Ewald, *L'État providence*, Paris, Grasset, 1986, p. 513). De même, dans une perspective marxiste, l'État n'est pas une instance transcendante permettant de résoudre les conflits, mais l'enjeu même des luttes de classes. La raison ne mène pas le bal, mais est plutôt mue par des forces plus profondes, de nature affective. Ne se met-elle pas au service du pire délire, comme ce fut le cas pour la machine de mort nazie aux rouages bureaucratiques bien huilés? De manière générale, l'extrême logique n'est-elle pas l'autre face de l'extrême folie? N'est-elle pas déjà une forme de folie, de celle qui veut tout couvrir, tout contrôler, ne laisser aucun vide, aucune vacance pour l'émergence de l'événement? Comme le dit Pascal, la raison est « ployable à tous sens », « flexible à tout »: « Le cœur a ses raisons que la raison ne connaît point », et auxquelles elle obéit sans en être consciente (*Pensées*, Paris, Garnier-Flammarion, 1976, p. 127 et 208). La raison n'est-elle pas comme le Christ, ce qui serait une marque supplémentaire de sa nature divine? « Ce fut ainsi chose manifeste — Et avérée de tous — Que le très glorieux Christ — Se plie comme une étoffe dont on s'habille — …Il se prête au gré de tous — Soit à la sincérité soit à la tromperie — Il est toujours ce qu'on veut qu'il soit… » (Gottfried de Strasbourg, cité dans D. de Rougemont, *L'amour et l'Occident*, Paris, Plon, « 10-18 », 1972, p. 32).

d'un processus de rationalisation qui a temporairement triomphé, c'est comme si le réel devait se soumettre à des raisonnements, sous prétexte qu'ils sont logiques, ou à des idées, sous prétexte qu'elles sont claires et distinctes!

Trop de philosophes prennent leur raisonnement pour la réalité. L'homme a tendance à s'enfermer en ses idées comme en une prison, quitte à peindre, comme le dit D. H. Lawrence, les murs de sa prison en bleu et à se croire au ciel. Il n'y a plus de contact avec la réalité que par l'entremise des idées, comme chez Descartes, ou de la conscience, fût-elle intentionnelle ou constituante, comme chez Husserl, ou du langage et de ses propositions, comme chez beaucoup de philosophes analytiques contemporains. En fait, la réalité devient bien secondaire, l'homme étant tout entier absorbé par le déchiffrement de sa propre pensée. Il tourne autour de lui-même — celui-ci fût-il ego transcendantal, intellect, entendement, raison, esprit ou âme — jusqu'au vertige et à la nausée. Il s'enferme en l'infime dedans, alors même que celui-ci est emporté à son corps, ou plutôt son esprit défendant, dans l'infini dehors. Aussi largement le *Logos* ou la conscience peuvent-ils s'étendre — jusqu'à la subjectivité pure, à la raison pure, au savoir absolu, au *Dasein* —, un sentiment d'étouffement émane de tous les systèmes idéalistes. Ils nous entretiennent tous de maîtrise, de puissance, de clarté, alors que l'existence humaine est au contraire transie de passivité, d'impouvoir, d'opacité.

Il suffit d'ailleurs de fermer le livre et de sortir se promener dans la nature ou dans la ville, de regarder le soleil décliner ou les étoiles scintiller, de trébucher, de respirer, d'éprouver une douleur, de dormir et de rêver, pour que ces sytèmes s'en trouvent réfutés. Ceux-ci ne valent que tant que l'on raisonne. Ils ont peut-être du sens théoriquement, mais sont absurdes pratiquement.

De la même façon, tous les propos moralisateurs que l'on entend à satiété, aujourd'hui, sont réfutés dans les faits par les actes, les pensées et les émotions de ceux-là mêmes qui les tiennent. Comme le remarque Jacques Bouveresse, plus la situation est immorale, plus on se fait moralisateur[8]. L'éthique est un masque que tout le monde veut porter. À cet égard, la théorie de la justice comme équité de John Rawls, qui met en avant l'égalité, fût-ce à partir de la fiction du « voile d'ignorance » de la « position originelle » (où serait signé un contrat social mythique), n'est-elle pas un beau masque que la société libérale américaine ne demande pas mieux que de porter pour camoufler les trop réels rapports de forces économiques qui la régissent et la meuvent[9]? Le mora-

---

8. « Plus la réalité vraie est celle de la compétition économique, du marché et du profit, plus on semble avoir besoin de gens qui rappellent que les grandes idées et les idéaux restent essentiels, même s'ils sont contredits de façon patente et presque insupportable par cette réalité » (J. Bouveresse, *Le philosophe et le réel. Entretiens avec Jean-Jacques Rosat*, Paris, Hachette, « Philosophie », 1998, p. 9-10).

9. Il y a plusieurs façons de porter le masque de l'éthique. Ainsi voit-on, aujourd'hui, le pape demander pardon pour les fautes commises par l'Église dans le passé. Dans quelle mesure les crimes du passé ne servent-ils pas à camoufler ceux du présent? On cherche d'autant plus à afficher une culpabilité pour des crimes qu'on n'a pas commis qu'on a la meilleure conscience du monde face à ceux qu'on est en train de perpétrer (par exemple, interdire la contraception à l'époque du sida). Hannah Arendt avait mis le doigt sur le problème: « Du point de vue moral, il est tout aussi critiquable d'éprouver de la culpabilité sans s'être livré à une action précise que de n'en ressentir absolument aucune, alors qu'on s'est réellement rendu coupable de quelque méfait » (*Penser l'événement*, traduit sous la direction de C. Habib, Paris, Belin, « Littérature et politique », 1989, p. 93). C'est parce que certains se sentent cou-

liste est un faussaire. Il n'est souvent que la face affichée, « humaine, trop humaine », d'une face cachée, sombre et obscure, animale, située « par-delà bien et mal ». Il affiche d'autant plus sa moralité et son éthique qu'il a quelque chose à cacher, peut-être d'abord à ses propres yeux. Dit avec les termes de la philosophie classique, le corps se moque de l'âme et de ses prétentions, et défait dans le silence les belles constructions bavardes de celle-ci.

Il y a un narcissisme ou un égocentrisme proprement philosophique qui n'est que le prolongement du narcissisme ou de l'égocentrisme ordinaire : penser que le réel se doit d'obéir à nos argumentations et démonstrations, le faire tourner autour de l'idée ou de la pensée en une révolution copernicienne interprétée sur un mode narcissique, comme s'en vantait Kant. Le raisonnement idéaliste est obnubilé par sa propre « logique », indépendamment de la réalité qui, de son côté, peut ne pas du tout correspondre aux déductions ou conclusions tirées, et qui, de toute façon, mène sa propre affaire, indépendamment de ce que l'homme peut en penser, en connaître ou en dire. Comme le pensait Descartes, je démontre que Dieu existe, *donc* il existe. Les preuves de l'existence de Dieu sont autant d'illustrations de la prétention de la raison humaine, de son aveuglement face à elle-même, de sa capacité de se perdre en ses propres arguments et autres démonstrations. Ou encore, quand un philosophe comme Leibniz prétend entrer dans la conscience et l'inconscient de Dieu, dans les moindres plis et replis de sa divine

---

pables de crimes qu'ils n'ont pas commis que les véritables responsables, profitant de la confusion, peuvent se sentir innocents. Remarquons qu'il peut s'agir des mêmes.

psyché, connaître sa logique et ses plans, se faire son avocat et justifier ou expliquer tout ce qui est ; alors, c'est une raison impérialiste et totalitaire qui se prend elle-même pour Dieu, celui-ci ne parlant jamais que par la bouche de celle-là, fût-elle appelée *Logos*.

Tous les vides, toutes les coupures irrationnelles, tout le fragmentaire, le discontinu, le divers, le multiple, l'hétérogène, la part irréductible de hasard doivent être violemment refoulés au nom de l'unité et de la totalité systématiques (dont les compléments sont la nécessité, l'universalité et la finalité). Et cela dans tous les domaines, dans la Nature ou le cosmos, dans l'histoire, dans le cerveau de l'homme. Les vides, les coupures, les sauts quantiques, les bifurcations se font entre les pensées, entre les souvenirs, entre les images, entre les explications, comme ils se font entre les étoiles, entre les planètes, entre les êtres, entre les dimensions microscopique et cosmique, et à l'intérieur des pensées, des images, des êtres, des atomes... Ils sont le dehors de tout dedans, l'envers de tout endroit. La rationalité voudrait idéalement tout recouvrir, boucher tous les trous, tout maîtriser et expliquer. Elle cherche à dominer la sensibilité et à construire un objet plein, complet et total, là où la sensibilité doit s'arrêter. La sensibilité, en effet, est parcellaire, fragmentaire ; elle nous conduit jusque là et s'arrête, s'interrompt, quitte à reprendre à un autre endroit. Elle ne totalise pas faussement ou artificiellement, mais demeure fidèle à ce qu'elle ressent ; là où elle ne sent plus, elle se tait.

La rationalité, quant à elle, est mue par une volonté de puissance qui, passant de la philosophie à la science et à la technique, est en passe d'épuiser et de détruire la terre. Tout doit être pensable, compréhensible, explicable, puis tout doit être objectivable, calculable, manipulable, exploitable, monnayable, y compris l'être humain lui-même. C'est dire que ce dernier est, à l'égal d'autres éléments de la Nature, dont il n'est qu'un fragment minuscule, la victime de cette volonté de puissance qui s'empare de lui.

Ce n'est pas la Nature, mais la raison qui a horreur du vide.

Partout où insiste le néant, dans l'athéisme, dans la liberté, dans la sensation de n'être rien au fond de soi-même ou de ne pas se connaître, dans la faille et la défaillance, dans la mort, dans le hasard, dans l'imprévu, dans l'inconnu, l'esprit de système est réfuté en acte. Le néant, ou le vide, est le grand empêcheur de tourner en rond de tous les systèmes. Mais puisque « le néant n'est pas », comme le proclamait Parménide, l'esprit de système l'intègre de force à ce qui est. Il en résulte un bel objet plein à idolâtrer. En réalité, le néant change de signe. De positif, il devient négatif. De condition de vie, comme milieu qui permet l'apparition de nouveauté, ou comme *être* au sens de Heidegger qui est l'Ouvert ou l'apparaître de tout étant, il se transforme en néant compact, en néant-étant. L'être pur et le néant pur, comme le savait Hegel, sont rigoureusement identiques [10].

C'est dans une situation d'hyperréalité, où le vide, le néant, le rien sont battus en brèche, comme dans ces toiles complètement recouvertes de peinture de peur que les vides et les blancs ne les fassent fuir, que plus rien ne peut advenir. L'hyperréalité, qui est sans doute l'aboutissement contemporain de l'esprit de système, ne fait plus que se répéter, se reproduire elle-même,

---

10. G. F. Hegel, *Science de la logique*, I, traduit par S. Jankélévitch, Paris, Aubier, « Bibliothèque philosophique », 1947, p. 72-73.

dans « l'enfer du même », l'hologramme ou le clone, comme l'analyse très bien Baudrillard dans toute son œuvre[11]. Le vide ou le rien comme condition de toute avancée se transmue en néant comme arrêt de tout. Le vide comme lieu de rupture, de bifurcation, de mutation se transforme en béance où tout s'abîme. Le vide comme zone d'ombre qui permet de se protéger du soleil se transforme en trou noir qui engloutit tout.

C'est par manque de vide, de silence, de solitude, d'oisiveté que l'on se suicide, tentant de la sorte d'incarner le vide dans un néant compact, un néant-étant qui ne fait qu'un avec l'hyperréalité. C'est notamment pour ne plus avoir à mourir sans cesse, pour ne plus ressentir cette faille et cette défaillance sans fin, qu'on se tue une fois pour toutes. Le rien comme inachèvement et incomplétude fait place au néant comme point final, compte total. Le rien comme halo d'inconnu qui permet de respirer fait place au néant comme identité fermée qui étouffe. L'acte de mourir au sein de la vie comme force de rajeunissement et de renouvellement fait place à la mort où tout s'arrête, où le temps se fige en éternité. Par la mort, on bouche tous les trous, on remplit tous les vides, même si ce n'est que par le néant pur. On atteint le plein pur par le vide pur. Dans l'être pur, comme dans le néant pur, on ne sent plus rien, plus rien n'arrive. Notons en passant que quelque chose de similaire se produit dans la psychose. Le rien comme ouverture aux événements qui nous transforment est remplacé par le néant, fût-il encombré, qui nous emprisonne et où plus rien n'arrive[12].

---

11. Entre autres, dans *La transparence du mal*, Paris, Galilée, « L'espace critique », 1990, p. 119 et suiv.

12. Voir H. Maldiney, *Penser l'homme et la folie*, Grenoble, Jérôme Millon, 1991, notamment p. 424-425.

Pour en revenir à l'esprit de système en général, dont une des manifestations peut être le suicide ou la psychose, remarquons que toutes les pièces du puzzle s'assemblent en un seul tout, reflétant une image dans laquelle la raison humaine se mire, heureuse de se voir si belle en son miroir. Mais la réalité ou la vie, quant à elles, continuent à nous déjouer et à nous surprendre, à passer inaperçues, de l'autre côté du miroir, à couler entre les mailles du filet, à déchirer les toiles de l'araignée-raison.

À l'inverse de l'esprit de système, toute approche respectueuse de la Nature ou de la réalité est positivement incomplète ou inachevée. Que ce soit en science, en philosophie, en littérature, en poésie, en art. Les vides, les ruptures, les bords déchiquetés, les frontières fluctuantes, les discontinuités, la part de hasard et d'accident, les sauts quantiques ne doivent pas être artificiellement recouverts. Ils ne s'inscrivent pas sur une totalité ou une unité préalables, mais sont originaires, empêchant depuis le début toute totalisation ou unification. L'inachèvement ou l'incomplétude n'est donc pas en manque ou en défaut d'une plénitude, d'une unité ou d'une totalité idéales. Ce serait plutôt celles-ci qui seraient en manque ou en défaut de la réalité telle qu'elle est, et telle aussi qu'elle *n'est pas*, si l'on tient compte des vides qui la trouent, des crevasses et des abîmes qui la rompent, des mystères irréductibles qui la constituent. Remarquons que cet inachèvement ou cette incomplétude sont constitutifs de la Nature, de l'homme et des connaissances ou explications de ce dernier.

Chapitre 1

DUPLICITÉ ONTOLOGIQUE

> Non, ce n'est pas moi, c'est une autre
> qui souffre. Je ne pourrais souffrir
> ainsi.
>
> ANNA AKHMATOVA

Quel étrange animal que l'homme, incompréhensible
parce qu'échappant constamment à toutes les catégories
pourtant « humaines, trop humaines » ! Mais c'est
précisément que l'image qu'on se fait de l'homme
ne correspond que très partiellement à la *réalité* de
l'homme. D'où, très souvent, l'impression d'une foncière hypocrisie, d'une fondamentale fausseté, d'une
duplicité ontologique. D'un point de vue moral ou
éthique, l'homme affiche des convictions toutes plus
vertueuses les unes que les autres. Mais son comportement effectif, en pensée et en acte, ne correspond pas
du tout à ses convictions. Celles-ci correspondent à ce
qui devrait être, alors que celui-là correspond à ce qui

est. Mais *ce qui est* est toujours voilé, recouvert, par ce qui devrait être. L'homme n'a pas le choix, il doit correspondre à la norme ou à la normalité sous peine d'être ostracisé. Il doit donc jouer un certain jeu, car il faut beaucoup de courage et de force pour s'opposer au consensus d'une société. Sur la scène sociale, il y a un contraste, une disproportion entre ce qui apparaît et ce qui est. Tout le monde le sait, car tout le monde expérimente une telle disproportion. C'est ainsi que le personnage modèle, celui qui est encensé, est le faussaire, l'imposteur ou l'escroc. Et cela dans tous les domaines — politique, économique, culturel, artistique, intellectuel, scientifique, spirituel, religieux... L'homme est forcément un faussaire, car ce qu'il est ne correspond pas à ce qu'il devrait et voudrait être. Dans sa vie la plus quotidienne, il est en porte-à-faux. Il chasse le naturel et celui-ci ne cesse de revenir au galop. Au moment même où il aspire à l'idéal, il n'aperçoit pas ce qui est, qui réfute en acte, dans la réalité ou dans la vie, ce qui devrait être.

Quel est le type américain par excellence, celui que l'on voit et entend partout ? L'idéaliste *et* l'escroc comme les deux faces d'un même personnage. *The Confidence Man*, comme l'a magistralement mis en scène Melville. D'ailleurs, telles sont les deux grandes figures du cinéma américain. Le héros plein de bons sentiments et l'imposteur total. Parfois, il s'agit de deux personnages différents. Mais il est facile de penser qu'il s'agit plus profondément des deux figures du même. D'ailleurs, qui est l'imposteur, sinon celui qui, par définition, offre toutes les apparences contraires, celui à qui l'on fait a priori confiance, le président, le prêtre, le gourou, le policier, le parent, l'associé, l'ami, l'amoureux, le collègue, le voisin ? Voilà qui explique la popularité du roman policier et du film à suspense, pour lesquels le coupable est toujours celui que l'on ne soupçonne pas : ils sont des métaphores de la société. Le grand escroc, pour reprendre le titre français du roman de Melville, est celui dont on est le plus surpris qu'il le soit. Mais en même temps, après réflexion, s'il s'agit de l'individu reconnu, respectable, occupant une fonction de l'âme collective, il n'est pas si surprenant qu'on ait affaire à un imposteur. Comment en effet être président, premier ministre, pape, prince ou princesse, etc., sans être un imposteur ? Comment, comme le demande avec pertinence Nietzsche, être aujourd'hui un chrétien sans être un imposteur, y compris, en partie, à savoir dans la mesure de sa lucidité ou honnêteté, à ses propres yeux ? Ne faut-il pas se convaincre soi-même, et convaincre les autres n'est-il pas un moyen de se convaincre soi-même ? Le pape lui-même, dans la mesure où il participe à son corps défendant de l'esprit de l'époque, peut-il être sérieusement convaincu de l'existence de Dieu ? Comme il est dit dans le roman de Melville : « Le monde entier est un théâtre et tous les hommes et toutes les femmes simplement des acteurs avec leurs entrées et leurs sorties. Et un homme, dans sa vie, joue bien des rôles [1]. » Nous sommes dans l'ère du faire-semblant. Les images nous cachent et nous protègent. La réalité virtuelle nous remplace. Nous n'avons plus besoin d'être, et d'être présents. Nous nous éclipsons. Ce fut toujours une telle fatigue que d'être ! De toute la science que nous avons, nous n'avons pas celle de l'acte le plus simple : être. Car il est affaire d'ignorance, d'innocence et de spontanéité.

---

1. H. Melville, *Le grand escroc*, traduit par H. Thomas, Paris, Minuit, « Points », 1950, p. 352.

La dualité se complique de multiples façons. Comment être riche sans être un peu criminel? Toute richesse n'implique-t-elle pas une forme de vol, fût-ce celle de l'exploitation? Ou encore, le saint, celui qui triomphe du Mal en toute bonne conscience — le diable est toujours l'autre, pour parodier une formule de Sartre, l'autre, c'est-à-dire l'Indien, le Noir, le Communiste, le Latino-Américain, l'Arabe, le Pauvre, etc.—, se trouve étrangement proche du psychopathe de tout acabit, lui aussi assez dogmatique et assez peu critique de sa position ou de son point de vue. C'est ainsi que la pire violence côtoie les sentiments les plus sirupeux. D'ailleurs, dans le scénario américain classique, le triomphe du Bien passe par le déploiement de la pire violence. Et qu'est-ce que ce Bien sinon le bon ordre capitaliste? Mais à son tour comment ce bon ordre peut-il s'instaurer, sinon sur l'injustice, l'exploitation, l'arbitraire et la violence? Mais alors, le Mal n'est-il pas l'autre côté du Bien, sa caricature et son double, comme le diable peut être dit le frère jumeau ou l'ennemi complice de Dieu? N'est-ce pas toute la structure de la morale américaine qui constitue une vaste mascarade et imposture[2]?

---

2. On peut se demander dans quelle mesure le *serial killer* n'est pas une incarnation emblématique d'une telle morale. Chez celui-ci en effet, « le sentimentalisme et la sauvagerie peuvent très bien cohabiter » (S. Bourgoin, *Serial killers*, Paris, Grasset, « Le livre de poche », 1993, p. 224). Et n'est-ce pas, en effet, ce qui frappe chez le héros américain tel que mis en scène, notamment, au cinéma: un mélange de bons sentiments et de cynisme, de bonté et de brutalité, de douceur parfois un peu sirupeuse et de violence froide et cruelle? Le *serial killer* n'est-il pas une illustration virulente du type de l'imposteur ou de l'escroc qu'on retrouve partout dans le cinéma américain contemporain, dont le thème récurrent est celui de la trahison infinie (celle de l'ami, de l'amant, du parent, du président, etc.)? D'ailleurs, cet imposteur ou cet

Ne faut-il pas représenter des valeurs ou une image, se conformer à celle-ci, y croire, ou faire semblant d'y croire, y compris à ses propres yeux? Puisque la réalité ne correspond jamais à une image, il faut donc faire semblant et donner le change. La morale de cette majorité de films où l'imposture est mise en scène est la même que celle que tirait le roman de Melville: « Il aura nombre de façons de s'adresser à toi, pour te tenter, il te sourira et te parlera flatteusement, et dira: que désires-tu? Si tu peux lui être utile, il se servira de toi, il te fera pâtir et ne s'en affligera pas. Sois attentif et prends garde. Lorsque tu entendras ces choses, éveille-toi de ton sommeil[3]. » Mais ce grand escroc est tellement « universel », « cosmopolite », qu'il est peut-être celui-là même qui est en train de nous donner ce conseil: il nous flatte, suscite notre confiance pour mieux nous vendre sa camelote. Il est l'incarnation du pouvoir moderne qui s'exerce par l'incitation, la recommandation, la suggestion, la séduction bien plus que par la répression. N'est-il pas le personnage public par excellence, celui qu'on voit et entend à la télévision et à la radio? N'est-il pas le publicitaire en quoi s'est transformé, par déformation professionnelle, le personnage public, celui qui vend et se vend? On a de ce

escroc, avec quelle facilité n'assassine-t-il pas lui aussi en série? Il est vrai que son unique motivation semble l'argent, alors que la personnalité du *serial killer* est plus complexe. Mais peut-être l'argent n'est-il que le point de départ ou la justification capitaliste d'un processus qui, une fois amorcé, trouve en lui-même sa propre raison d'être? Sans doute tout cela déborde-t-il l'Amérique, et celle-ci ne fait qu'anticiper ce qui se propage partout. Peut-être le succès américain s'explique-t-il en partie par le fait qu'on montre sans vergogne ce que d'autres cachent pudiquement? Tel serait un autre sens de la soi-disant « naïveté » américaine.

3. H. Melville, *Le grand escroc, op. cit.*, p. 379 et 210.

Janus démocrate et capitaliste toutes les variantes. Celui qui est conscient de son double visage et qui sait habilement jouer des deux selon les circonstances. Celui qui est sincère dans chacun de ses rôles, dans l'in-conscience heureuse de l'autre face. Celui qui ment aux autres parce que, plus profondément, il se ment d'abord à lui-même, mensonge le plus fréquent comme l'af-firme Nietzsche. Celui qui est déchiré par sa double personnalité, dont l'une lutte contre l'autre, mais sans jamais en triompher, puisque l'énergie de l'une est la même que celle de l'autre… Dans tous les cas, il faut passer pour ce que l'on n'est pas.

De toute façon, il est impossible de passer pour ce que l'on est, car personne ne sait ce que l'on est, y com-pris soi-même. Telle est la base de la distinction entre vie privée et vie publique. La vie publique ne concerne pas seulement le rôle que l'on joue, mais plus encore tous les endroits et tous les moments, fort nombreux, où l'opinion publique, le consensus, parle par notre bouche. À savoir, tous les lieux et tous les moments où l'on ne pense pas, mais où l'on est pensé. Où l'on *doit* penser ceci ou cela, avoir une opinion sur tout et n'importe quoi. Où l'on émet des idées convenues ou des clichés, même savants ou sophistiqués, en pensant être personnel ou original. On se trouve sur la sellette, on s'exprime au nom d'un statut, d'un rôle reconnu.

Quant à la vie privée, elle ne concerne pas non plus principalement ce qui se passe derrière les portes, mais plus encore la capacité d'être seul à un niveau fondamental, de suivre ou de faire son chemin en dehors de tous les sentiers battus et de tous les conformismes. C'est là où l'ego, avec sa science et ses opinions, fait place à des puissances plus secrètes ou clandestines, à la fois impersonnelles et singulières.

Comme si l'âme de l'homme comportait deux dimensions, une dimension collective et une dimension individuelle. La collective est certes plus fausse, plus superficielle que l'individuelle. Elle est la part de l'âme qui se montre, qui est en représentation, qui se maquille, qui se travestit, et qui, bien souvent, doit elle-même croire en ses masques pour les porter de manière convaincante. C'est la part de l'homme qui hurle avec les loups, qui se laisse entraîner dans des mouvements de foule ou de masse, qui adopte les vérités et les valeurs communes. Quant à la part individuelle de l'âme, elle poursuit son propre chemin, elle grimace derrière le masque, elle réfute silencieusement ce que l'autre proclame bruyamment.

Il peut se faire qu'à une époque et que dans une société données, une dimension de l'âme domine l'autre. C'est ce qui se passe actuellement dans la société américanisée. L'âme collective semble prendre toute la place. Sans doute cela est-il dû en partie à la montée des médias. Car que font ceux-ci sinon envahir la vie privée en tous ses recoins, l'exposer le plus possible sous les feux de la rampe ? La part privée de l'âme se recroqueville donc, ne sachant en quel coin demeuré obscur ou inexploré se nicher. Mais les médias, poussés par une âme collective devenue tentaculaire et qui ne cesse de se renforcer de ses avancées, pourchassent impitoyablement l'âme privée en tous ses recoins. Celle-ci doit s'enfoncer en des labyrinthes de plus en plus profonds, hors de portée ou de vue. À la limite, on peut cesser de la poursuivre et lui donner donc un certain droit de cité, mais à la condition qu'elle fasse la morte, qu'elle demeure silencieuse et laisse toute la place, donne toute la parole à l'âme collective. Celle-ci sera le seul porte-parole autorisé. C'est l'âge de l'hypocrisie complète, où les hommes deviennent « faux *jusqu'à l'innocence* », pour parler comme Nietzsche [4], où l'on doit se méfier de tout le monde, et surtout des « meilleurs », car les plus beaux masques sont devenus les plus faux [5].

L'alliance traditionnelle entre le beau, le vrai, le bon est irrémédiablement rompue. S'il est vrai que le bonheur de l'homme exige la fraternité, que la fraternité exige à son tour la confiance, une société fondée sur la suspicion ne peut que rendre l'homme malheureux. Tous les rapports deviennent médiatisés par l'argent, le seul qui compte et sur lequel on puisse compter. Chacun est isolé, enfermé en lui-même comme en une prison, définition même de l'enfer. C'est aussi l'âge où l'homme doit se ridiculiser pour être accepté. Le personnage public, symbole de réussite, devient le singe

---

4. F. Nietzsche, *L'antéchrist*, *op. cit.*, p. 68.

5. Tocqueville avait bien diagnostiqué cette montée de l'âme collective. Il y voyait même le danger d'un nouveau despotisme. « La plus petite dissemblance paraît choquante au sein de l'uniformité générale ; la vue en devient plus insupportable à mesure que l'uniformité est plus complète. Il est donc naturel que l'amour de l'égalité croisse sans cesse avec l'égalité elle-même : en le satisfaisant, on le développe. [...] Après avoir pris ainsi tour à tour dans ses puissantes mains chaque individu, et l'avoir pétri à sa guise, le souverain étend ses bras sur la société tout entière ; il en couvre la surface d'un réseau de petites règles compliquées, minutieuses et uniformes, à travers lesquelles les esprits les plus originaux et les âmes les plus vigoureuses ne sauraient se faire jour pour dépasser la foule ; il ne brise pas les volontés, mais il les amollit, les plie et les dirige ; il force rarement d'agir, mais il s'oppose sans cesse à ce qu'on agisse ; il ne détruit point, il empêche de naître ; il ne tyrannise point, il gêne, il comprime, il énerve, il éteint, il hébète [...] » (*De la démocratie en Amérique*, II, Paris, Gallimard, « Folio », 1961, p. 393-455). Comme, à la suite de Tocqueville, l'ont analysé Foucault et Deleuze, c'est le règne de la surveillance et du contrôle devenus, grâce aux moyens d'information et de communication modernes (vision panoptique, télésurveillance, fichiers informatiques, etc.), tentaculaires et capillaires.

de lui-même, son propre publicitaire et vendeur. C'est le règne du bouffon, de l'imbécile sympathique. Tel est d'ailleurs ce à quoi les médias réduisent l'homme. On fera de tout le monde, président, prix Nobel, grand artiste, pape, un clown. On n'aura même pas besoin de les forcer. Tout le monde finit par connaître la règle du jeu qui préside au fonctionnement des médias. Si l'on veut être accepté et aimé, si l'on souhaite avoir une bonne image, il faut montrer qu'on est inoffensif, qu'on est pétri par les mêmes idées toutes faites que le premier venu[6]. C'est cette image que l'homme se donne à lui-même qui est l'objet de tous les applaudissements que l'on entend dans tous les endroits publics. Ainsi se fait entendre la grande rumeur de l'âme collective.

Pour épouser la réalité d'un peu plus près, et notamment pour ne pas trop s'aveugler sur soi-même, il faut de la lucidité et du courage, être capable d'aller en deçà de la surface pour plonger profondément en la psyché, ou plutôt ouvrir les digues pour laisser celle-ci remonter d'elle-même à la surface sans lui dire ce qu'elle devrait être. À un niveau transcendantal, l'homme ment nécessairement, il ne peut pas être sincère. Pour la bonne raison que, pour être sincère, il faut d'abord être entièrement là, en possession complète de son être, avoir une conscience qui comprend tout, être constamment égal à soi-même, ouvert et disponible.

---

6. Qu'on pense à ces propos de Nietzsche : « Qu'est-ce qui blesse plus profondément, qu'est-ce qui sépare plus radicalement que de laisser voir quelque chose de la rigueur hautaine avec laquelle on se traite soi-même ? D'autre part, tout le monde est si bienveillant, si affable à notre égard, dès que nous faisons comme tout le monde et que nous nous "laissons aller" comme tout le monde !… » (*La généalogie de la morale, op. cit.*, p. 286).

Or, l'homme est fait d'une façon telle qu'il n'est jamais complètement là, qu'une partie de lui dérive constamment, dans le passé ou le futur, ailleurs qu'ici, à la poursuite d'un plaisir, rêvant à un projet, ou fuyant un déplaisir, appréhendant un échec. Il est mené par des forces qui lui échappent, obéit à des lois qui le dominent, agit dans une structure qui le régit. Les plaisirs qu'il caresse dans sa pensée pavent le chemin, sans qu'il n'en sache rien, des souffrances qu'il ressentira plus tard. Comment pourra-t-il faire le deuil d'une souffrance s'il n'est pas capable de mourir à un plaisir ? Autant il se félicite de ses réussites, autant il est accablé de ses échecs. Autant il est fier d'une qualité qu'il s'attribue, autant il se désole d'un défaut qui le tenaille. S'il jouit de se comparer à un autre, cette structure de comparaison amène nécessairement des souffrances : il y a toujours un autre, mieux pourvu que lui de ceci ou de cela, à envier. La force qui le porte et qui fait que tout lui sourit sera nécessairement suivie d'une faiblesse qui fera grimacer le monde.

Loin de pouvoir être totalement sincère ou véridique, l'homme, de par sa constitution même et sans qu'il en soit personnellement responsable, est plutôt un faussaire ou un escroc transcendantal. Il ne peut pas se rassembler totalement là où il se trouve et au moment où il s'y trouve. Ses propres besoins, intérêts et désirs l'aveuglent. Même dans ses élans de « désintéressement », il obéit à la loi d'un certain égoïsme. Étant faible, il doit se protéger, par des rationalisations, des justifications, des condamnations, autant d'obstacles à la pure lucidité comme condition d'une non moins pure véracité. Une part de lui échappe irréductiblement. Il est à distance, non seulement des autres, mais de lui-même. Quelque chose d'important lui arrive, qui le touche dans son intimité la plus concrète et l'affecte directement, et pourtant, il le ressent en partie comme si cela arrivait à quelqu'un d'autre. Est-ce façon de s'en protéger ? Mais même quand c'est quelque chose d'heureux qui l'affecte, il ne se sent qu'à demi concerné. Toujours une part de lui se trouve à l'extérieur, ou regarde ce qui l'affecte, ce qui se trame dans son monologue intérieur, comme s'il s'agissait d'une réalité extérieure. Il assiste à lui-même comme s'il s'agissait d'un autre, cet autre étant poussé dans le dos par tout un conditionnement physique, chimique, biologique, sociologique. Cet autre est un rôle. Il joue ce rôle, en même temps qu'il en est le spectateur. Il ne peut donc pas s'y identifier complètement.

L'homme a beau pleurer et souffrir, il se sent partiellement en représentation auprès d'un spectateur qui n'est nul autre que lui-même. Il est nécessairement dédoublé et multiplié. C'est ce qui est illustré notamment en littérature par les rapports subtils et complexes entre auteur, narrateur, personnage, sujet d'énonciation, sujet d'énoncé... Je pense à quelque chose, et une part de moi écoute ce que je pense, de sorte que je puis dire ou écrire : *il* pense ceci ou cela, ou mieux encore, à cause du nécessaire décalage temporel, il *a pensé* ceci ou cela. L'écart à soi est en effet identiquement l'écart à toute présence. Le présent échappe comme je m'échappe à moi-même. Telle est l'origine du discours indirect. Oui, comme l'affirmait Rimbaud, « Je est un autre », du moins une part de lui est un autre.

C'est comme lorsque l'homme se regarde dans un miroir : il se voit en partie comme un étranger. C'est ce que nous disons quand nous parlons d'identité fêlée, décentrée, fragmentée, disséminée... Cette façon qu'a l'homme d'être au spectacle, y compris au spectacle de lui-même, est à la source de sa grandeur comme de sa petitesse. Il peut accomplir des prodiges, traverser les pires épreuves, se montrer héroïque, puisque ce n'est pas totalement lui-même qui le fait, mais plutôt un autre qu'il regarde. Un autre réussit ce que lui-même ne pourrait réussir.

Mais cette incapacité d'être complètement là est aussi un signe de petitesse. L'homme a l'air d'un voyeur, d'un vampire, d'une ombre qui se nourrit du sang de la vie, sans être totalement vivant lui-même. Il vit dans la réalité comme dans un rêve. Il a beau ne pas y croire, cette réalité insiste et persiste. Il fait constamment la douloureuse expérience de se réveiller d'un rêve. Il se réveille puis s'endort à nouveau. Fantasme et réalité sont en lutte perpétuelle sur le champ de bataille de son psychisme. Comment l'homme pourrait-il être complètement sincère puisqu'il n'est pas complètement là, puisqu'il *n'est pas complètement*? Une partie de lui rôde au-dessus de ce qui est et de ce qui arrive. Cette partie est le mort, le fantôme ou l'esprit. Elle se protège, cherche à fuir, mais tente aussi, paradoxalement, de faire servir ce qui est et ce qui arrive à autre chose, par exemple à une œuvre, qui en retour alimentera la vie. Quel paradoxe que ce soit le fantôme ou le mort en l'homme qui sauve la vie! Cette structure de dédoublement habite l'écrivain pour le meilleur et pour le pire. Grandeur et petitesse sont ici encore étroitement mêlées. Une partie regarde, suce le sang, exploite, emmagasine, tandis que l'autre souffre, jouit, vit et meurt. Une partie regarde avec une lucidité froide et impersonnelle l'autre grimacer, gémir et se tordre. Comme le montre T. E. Lawrence dans *Les sept piliers de la sagesse*, le corps rampe tandis que l'esprit le regarde avec étonnement et fascination. Une telle position peut souvent avoir quelque chose d'indécent et relever de la complaisance. Par ailleurs, par la création de l'œuvre, l'écrivain paie son tribut à la vie. Il redonne de lui-même, de sa chair et de son esprit, pour offrir à la vie une œuvre qui pourra l'aider à mieux vivre l'événement. C'est dire que la duplicité ontologique de l'homme n'est pas qu'un « vice », mais aussi une « vertu ». Il s'agit d'un autre cas où il doit faire de nécessité vertu.

Cette impossibilité pour l'homme d'être totale-ment présent dépend de la structure du temps lui-même. Le présent est originairement inactuel, à savoir scindé en passé et futur, un passé toujours déjà passé et un futur toujours encore à venir, l'un et l'autre échappant irréductiblement à tout présent. L'homme est donc lui-même brisé en cette scission originelle. Une partie échappe à l'autre. Une partie regarde l'autre. Une partie est présente et une autre absente, déjà passée, encore à venir. Une partie flotte au-dessus de l'autre comme un Je transcendantal au-dessus d'un Moi empi-rique. L'homme fait l'expérience de ce dédoublement dans son monologue intérieur qui est plutôt un dia-logue, ou encore dans la dualité entre le sujet d'énoncé et le sujet d'énonciation : Il dit Je. Il ne peut jamais se rassembler complètement, son existence ne forme jamais un tout mais demeure irréductiblement ouverte, incomplète et inachevée. Il s'échappe par les deux extrémités, la naissance et la mort qui demeurent hors de sa maîtrise et de sa conscience, irréductibles à tout présent et à tout vécu, figurant respectivement un passé absolu et préalable à tout présent, un avenir radical et postérieur à tout présent. L'homme est ouvert sur le dehors non seulement par ces deux événements fonda-mentaux (qui sont plutôt des non-fond ou des sans-fond), mais par tous ceux qui surgissent et le débordent, comme ils débordent leur propre effectuation ou actualisation.

En effet, le moi n'assiste pas à sa naissance, mais ne devient conscient d'être et n'existe à proprement parler qu'une fois déjà commencé, comme s'il s'était précédé lui-même, comme s'il était le produit d'un processus singulier et impersonnel (physique, chimique, biologique, psychique) qu'il s'approprie ensuite comme étant sa possession, alors qu'il en est plutôt le possédé, comme on dit «possédé du démon». La naissance est un événement impersonnel qui m'advient du dehors et qui n'existe pour moi qu'après coup; je ne nais pas, mais je *suis né* (au double sens du passé et du passif), et mieux encore, *ça* est né (ça qui est devenu moi). La naissance me vient d'un passé radical et immémorial, qui n'a jamais été présent ou vécu, comme la mort d'un à-venir irréductible; je ne peux être leur contemporain. Quand la mort est, je ne suis pas, comme le disait Lucrèce, à la suite d'Épicure. Impossible de la vivre. De même, je suis dans une fondamentale passivité face à l'événement de la naissance. Elle me jette dans le monde. Je ne nais pas, comme je ne meurs pas, mais ça naît, on meurt. Le moi est constitué à partir d'un événement impersonnel, comme c'est à partir d'autres événements qui lui arrivent ou lui adviennent qu'il continue à se développer[7].

---

7. De même, pourrait-on dire «ça pense», plutôt que «je pense» comme l'affirme Descartes. La pensée, en effet, est un événement qui advient au *je* du dehors, peu importe la forme de ce dehors, cosmique, mondiale, corporelle, linguistique, psychique, etc. Ce n'est pas moi qui pense, mais je suis en grande partie engendré par le processus de penser. À la limite peut-on dire que le *je* est ce processus même.

C'est en effet le cas de tous les événements importants : ils nous précèdent, ils sont toujours déjà passés,
nous procédons d'eux, et ils sont toujours encore à venir,
ils détiennent des potentialités, des possibilités et
virtualités qui débordent leur effectuation. Que s'est-
il passé ? Que va-t-il se passer ? Quant à ce qui se passe,
il nous échappe en partie, nous ne le vivons qu'à moitié.
Les événements résonnent dans une essentielle latence
ou un sursis, dans la marge de leur effectuation. L'écho
d'un passé qui n'a pas eu lieu complètement, qui
demeure fondamentalement virtuel, continue à réson-
ner dans un présent qui, lui non plus, ne s'incarne pas
complètement, mais ne cesse d'insister. Les événements
nous arrivent sans nous demander notre avis, comme
une surprise. Ils sont des défis et des épreuves qui nous
bouleversent et nous transforment malgré nous. Ils
nous ouvrent et nous obligent à les recevoir. Ils nous
dépassent, parfois nous écrasent, nous violentent, nous
forçant à nous dépasser. Ils nous tombent dessus,
injustifiables et irréfutables, avec toute la puissance
de l'impersonnel, telle la foudre. Ils nous travaillent à
notre corps défendant. Nous ne pouvons les accepter,
les intégrer. Ce sont plutôt eux qui nous acceptent et
nous intègrent en nous transfigurant. Nous ne pouvons
les recevoir que parce que d'abord ils nous transforment.
C'est par tous les événements qui nous métamor-
phosent, tous les défis et les épreuves qui nous blessent
et nous altèrent, que « nous devenons ce que nous
sommes », ou plutôt que « nous sommes ce que nous
devenons », pour parler comme Pindare et comme
Nietzsche. Les épreuves nous révèlent à nous-mêmes
en nous forçant à nous dépasser. Nous ne devenons qui
nous sommes qu'en changeant, et nous ne changeons
que par la force de ce qui nous affecte. C'est parce que

nous devenons sous l'action des événements qui surviennent que notre vie peut être comprise comme un
destin. L'impulsion vient d'ailleurs, de l'altérité. Nous
ne pouvons devenir qui nous sommes ou être qui nous
devenons que parce que, fondamentalement, *nous ne
sommes pas*, mais sommes d'emblée ouverts par tous les
événements qui surgissent, du dehors et du dedans, du
cosmique et du microscopique. Nous sommes nous-
mêmes événements, et tout ce qui survient, sensations,
perceptions, émotions, imaginations, conceptions, est
événement. Voir est un événement, sentir est un
événement, penser est un événement.

C'est par le vide ou le rien d'où nous venons et qui
ne cesse de nous trouer que nous avançons, ouverts à ce
qui arrive[8].

---

8. Remarquons que cette question concerne l'univers, et non
seulement un individu dans l'univers. Sur cette question difficile,
se rejoignent le savant, le philosophe et le romancier. « L'univers
se contiendrait entièrement lui-même et ne serait affecté par rien
d'extérieur à lui. Il ne pourrait être ni créé ni détruit. Il ne pourrait
qu'ÊTRE » (S. Hawking, *Une brève histoire du temps*, traduit par
I. Naddeo-Souriau, Paris, Flammarion, « Champs », 1989, p. 177).
On sait que, pour Spinoza, l'univers, ou la Nature, équivaut à
Dieu. Or, voici quelle est, au sujet de ce dernier, la première
définition qui apparaît dans l'*Éthique* : « Par cause de soi, j'entends
ce dont l'essence enveloppe l'existence, autrement dit ce dont la
nature ne peut être conçue qu'existante » (dans *Œuvres complètes*,
traduit par R. Caillois, M. Francès et R. Misrahi, Paris, Gallimard,
« La Pléiade », 1954, p. 309). Enfin, la parole du romancier : « Au-
delà de tous les mythes de la création repose la grande idée que le
cosmos *avait toujours été*, qu'il ne pouvait avoir eu de commencement, parce qu'il avait toujours été là et serait toujours là. Un
dieu ne pouvait pas l'avoir animé, car il était lui-même toute la
divinité, l'origine de toutes choses » (D. H. Lawrence, *Apocalypse*,
op. cit., p. 182). Il est impossible d'assigner un commencement.
L'univers a toujours déjà commencé, ou s'est toujours déjà précédé.
Et cela en tant qu'espace et que temps. Le premier événement,
celui du big bang, suppose déjà le temps et l'espace pour *avoir lieu*

De tous les événements, celui de la mort est le plus opposé à tout sens humain. Il arrive de l'extérieur, irréductible à toute assimilation, à toute explication, à toute justification, à toute rationalisation. Il est rupture absolue, discontinuité radicale. Il ne tient compte d'aucune logique intérieure à la vie. Du point de vue de la vie, qui est le seul point de vue, on tente de recouvrir la mort sous une forme quelconque de survie, par l'entremise d'une œuvre, d'une mémoire, d'un spectre ou d'un fantôme, d'une âme, d'une résurrection, d'une réincarnation... Toutes ces tentatives demeurent intérieures à la vie et n'entament pas le secret de la mort. Même le mot « mort » vient de la vie. Il y a là deux dimensions irréductibles l'une à l'autre, et pourtant essentiellement reliées : la logique de la vie

---

ou *advenir*, « en même temps » qu'il donne naissance au temps et à l'espace comme processus de temporalisation et de spatialisation. C'est comme s'il s'engendrait lui-même, sortant du rien. Il est sa propre temporalisation et spatialisation. C'est son advenue qui localise le lieu et temporalise le temps. L'événement du big bang excède le fait. C'est le cas de tout événement. Celui-ci suppose un temps et un espace dans lesquels il advient, mais il échappe à son effectuation ou actualisation. Son surgissement, en effet, est spatialisation et temporalisation. L'événement ouvre un espace et un temps singuliers qui ne font qu'un avec lui. N'est-ce pas le cas de tout ce qui existe et devient, un individu particulier, une décision, un amour, une amitié, une œuvre d'art ? Restons-en au temps. Un individu se précède dans la naissance, dans l'embryon, dans la conception, dans le désir des parents, dans l'hérédité, dans l'espèce, dans la culture et la société, la conscience se précède dans l'inconscient, l'esprit dans le corps, la parole dans le langage, le *je* dans le *on* ou dans le *il*, le moi dans l'autre. La vie se précède dans la matière, la *psyché* dans la *Phusis*... Nous rencontrons quelqu'un et nous sentons que nous sommes ami ou amoureux de cette personne depuis toujours. Nous nous rencontrons de manière inattendue, et c'est comme si nous nous étions toujours connus. Tous ces événements, qui surviennent pourtant comme des surprises — excédant toute prise et toute emprise —, doivent se

d'un côté et la rupture de cette logique de l'autre. En
réalité, il y a un seul côté, à savoir la vie. Nous sommes
tout entier dans une dimension. La mort n'est même
pas l'*autre*, ce qui supposerait un certain face à face. On
a beau la nommer, y penser, la constater, elle échappe
par définition à l'emprise de la vie. Il n'y a pas de *rapport*
avec la mort. Il n'y a de rapports qu'à l'intérieur de la
vie. Concrètement, cela signifie que l'esprit peut se
regarder mourir sans comprendre. Il *ne peut pas* comprendre. La mort est une idée et même les sensations
qui l'approchent restent vivantes. Malgré tous les
efforts, on ne parvient pas à y croire vraiment. Tous nos
arguments la réfutent; elle réfute tous nos arguments.
Elle est un cas exemplaire où la réalité semble une fois

---

précéder pour advenir, ils ont toujours déjà commencé, ou leur
commencement se perd dans la nuit des temps. C'est à partir du
futur qu'ils ouvrent qu'ils produisent un passé. En advenant, ils
.opèrent une rupture rétrospective et prospective. Non seulement
le futur en effet, mais le passé lui-même sont transfigurés à partir
du jaillissement des événements. « Il n'y a rien eu. Et tout est
autre. » Façon de dire que les événements sortent du Rien, ou
du Vide, comme disent les taoïstes. Le Rien ou le Vide ne sont
pas « quelque chose », mais la dimension même du surgissement
des événements, l'Ouvert dans lequel ils adviennent. Ils sont l'air
dans lequel nous respirons et avançons, la marge de manœuvre
qui permet de bifurquer, la coupure qui rend possible la mutation,
le milieu dans lequel s'effectuent toutes les métamorphoses, la
dimension de l'*avoir lieu* ou de l'*advenir*. Ces événements n'ont pas
de cause ni de raison, mais surviennent plutôt *en dépit* des causes
et des raisons. Ils sont fondamentalement, comme la rose chantée
par Angelius Silesius, « sans pourquoi ». Leur *apparaître*, comme
dimension de l'*être* selon Heidegger — autre nom du Vide ou
du Rien —, est pur mystère. Comme le répète le phénoménologue
Henri Maldiney à travers toute son œuvre: « Le réel est toujours
ce qu'on n'attendait pas et qui, sitôt paru, est depuis toujours déjà
là » (notamment dans *Penser l'homme et la folie, op. cit.*, p. 316 et
354, et dans *L'art, l'éclair de l'être*, Seyssel, Comp'Act, « Scalène »,
1993, p. 351 et 378).

de plus dépasser la fiction. Mais il faut ajouter aussitôt qu'il en est de même de la vie. En elle aussi il nous est difficile de croire. Des événements surviennent qui nous surprennent. Nous nous demandons si nous rêvons. Même quand ces événements sont les plus concrets et s'incarnent douloureusement dans notre chair. Mais justement, ils sont trop concrets, trop proches et nous ne croyons qu'à l'abstrait, qu'au lointain. Traditionnellement, l'homme a cru plus facilement à l'au-delà qu'à l'ici-bas, à Dieu qu'à la matière, à l'âme qu'au corps, à une survie après la mort qu'à la vie. Aujourd'hui, à l'âge de la cybernétique, peut-être croyonsnous davantage à l'image qu'à l'objet, à la réalité virtuelle qu'à la réalité actuelle. Plus prosaïquement exprimé, combien il nous est difficile d'étreindre, de caresser le corps que nous aimons le plus ! Ne nous est-il pas viscéralement impossible d'être totalement là ? Car si le corps est bien là, n'est-ce pas dans la nature de l'esprit d'être toujours un peu ailleurs ? N'est-ce pas en ce sens que Lacan affirmait qu'il n'y a pas de rapport sexuel ? Autrement exprimé, nous ne pouvons vivre le présent, celui-ci, par définition, nous échappe. Si nous avons un pied dans le présent, l'autre se trouve dans le passé et surtout dans le futur, comme le disait déjà admirablement Pascal [9].

La mort est à la fois très concrète, irréfutable, et très abstraite, impossible. Elle s'immisce dans la vie, mais tant que celle-ci est, la mort n'est pas. Et quand elle est, c'est sous la forme du non-être. Elle appartient tellement à une autre dimension qu'il est littéralement impossible que *je* meure, quel que soit ce moi, le mien, le tien ou le sien. Je ne peux pas mourir puisque la mort

---

9. Pascal, *Pensées, op. cit.*, p. 96.

est précisément la disparition du moi. Semblablement, la pensée ne peut pas mourir puisque la mort est la disparition de la pensée. C'est sans phrases, sans pensée, sans moi que l'*on* meurt.

Les événements sont donc pris dans la structure du temps et seule une part de ce qui arrive s'accomplit ou s'incarne, une autre part demeurant virtuelle, ne pouvant être vécue qu'après coup, comme pour la naissance, ou que par anticipation, comme pour la mort. En fait, ils ne peuvent pas être vécus, débordant tout présent et toute saisie, à savoir toute attente, toute perception et tout souvenir, fissurant toute identité, ouvrant une faille au sein de tout fait accompli et de tout état de choses, effectuant une rupture entre un passé et un futur hétérogènes. Ils sont toujours déjà passés et encore à venir. Ils sont en excès par rapport à tout présent et à tout vécu. S'ils sont la Vie même, alors il faut dire que celle-ci, comme instance transcendantale, déborde tout vécu: elle est proprement invivable. La Vie est une puissance qu'aucune forme, qu'aucun organisme, qu'aucune individualité, qu'aucune expérience ne peut contenir. Les événements font en sorte que les choses ne seront jamais plus comme avant, allant jusqu'à métamorphoser rétrospectivement le passé lui-même. Les nouvelles possibilités ou éventualités produites par leur survenue donnent un nouveau sens au passé. Eux-mêmes ne sont compris que rétrospectivement, ne prenant sens qu'à partir du futur qu'ils ouvrent. Et ce sens varie avec les variations du futur. Cette structure du temps entraîne des illusions: on se dit qu'on aurait dû agir autrement, mais on ne peut le dire qu'après coup, qu'à partir des effets des événements qui sont advenus. C'est à partir des actions posées que nous pouvons évaluer celles-ci maintenant.

Ou encore, nous agirions autrement maintenant parce que nous avons agi ainsi et non autrement. « Avoir su », entend-on, mais justement nous ne pouvions pas savoir, nous ne pouvions prévoir l'imprévisible, nous ne pouvions connaître ce que les événements n'allaient révéler que plus tard et qui n'était pas déjà réalisé ou accompli en eux, qui n'était que des possibilités ou des éventualités qui auraient pu ne pas se réaliser. Les événements sont pris dans la scission originelle du temps, ou plutôt ne font qu'un avec elle, y entraînant l'homme [10].

À l'inverse de l'affect négatif du regret, fondé sur une illusion liée à la scission originelle du temps, que peut signifier être en accord avec le temps ? La question doit demeurer ouverte puisque le temps fend l'homme, le déséquilibre, le désarçonne, le surprend, l'enlevant de toute position, lui soutirant toute réponse. Le temps remet en question, fêle les vérités, les réfute, en crée de nouvelles. Peut-être n'y a-t-il d'autre vérité que la création de Nouveau ? Mais n'est-ce pas là la définition même du temps et de l'événement qui le compose ? L'événement est rupture. Celle-ci survient sans nous demander notre avis. Être au diapason de l'événement implique une rupture équivalente au niveau du mono-logue ou du dialogue intérieur, une force équivalente de vide et de silence au cœur même de la pensée. Une capacité de renouvellement qui nous rend disponibles pour de nouveaux surgissements. C'est comme pour la

---

10. Sur cette question de l'événement, on consultera C. Romano, « Le possible et l'événement », I et II, *Philosophie*, nos 40 et 41, décembre 1993 et mars 1994, Paris, Minuit. Pour un développement plus ample, on lira, du même auteur, *L'événement et le monde*, Paris, PUF, « Épiméthée », 1998, et *L'événement et le temps*, Paris, PUF, « Épiméthée », 1999.

sensibilité qui s'arrête brusquement là où elle ne sent pas : gage de son authenticité. Être capables de mourir à un plaisir ou à une souffrance, à une réussite ou à un échec, comme on meurt effectivement, emportés par une force plus grande que nous dans un mouvement d'allégement et de libération.

À l'encontre du regret se profile l'*amor fati*. Celui-ci n'est pas résignation. Il consiste à tenter d'épouser le temps ou l'événement au lieu d'y résister, de composer avec lui au lieu de lutter contre lui, de s'en faire un allié au lieu de l'affronter stérilement, de se laisser porter par sa vague au lieu de tenter de nager à contre-courant, de le laisser nous instruire au lieu de raisonner et d'argumenter sur ce qu'il aurait dû être, de le bénir comme une grâce, de le laisser nous transformer de sorte que le négatif se transmute en positif, de telle manière qu'il soit justifié a posteriori, au nom de ce qu'il a rendu possible, et qui ne l'aurait pas été sans lui. L'épreuve, si on sait y mettre assez d'amour, d'abandon, d'ouverture, d'énergie et de vitalité, peut nous rendre plus forts. Elle est un défi à relever, alors même que, dans un premier temps, elle nous fait trébucher et tomber. L'*amor fati* consiste en une affirmation, une bénédiction, un amour de la réalité telle qu'elle survient dans l'événement ou à travers lui. Il consiste à penser que les choses nous arrivent quand nous sommes mûrs pour les recevoir, ou plutôt quand nous sommes assez disponibles pour nous laisser transformer par elles. De ce point de vue également, notre vie peut ressembler à un destin. Non pas que tout soit écrit à l'avance, mais se dessinent tout de même une espèce de logique qui ne préexiste pas à son inscription dans la chair, un style de vie qu'on ne saurait identifier, logique et style qui sont faits de bifurcations, de discontinuités, de métamorphoses. Les événements ne se conforment pas à un destin transcendant, mais sont constitutifs d'un destin immanent. Mais revenons-en au temps lui-même.

Le temps ne se comprend pas en dehors des événements, comme, pour Einstein, l'espace en dehors des corps. Ni l'un ni l'autre ne sont un cadre ou une forme dans lesquels seraient contenus les événements ou les corps. De même que l'espace varie en fonction de la densité des corps ou de leur masse-énergie, le temps se diversifie en regard de l'intensité des événements. La temporalité, comme la spatialité, n'est pas uniforme. On sait qu'elle n'est pas la même dans l'enfance, dans l'âge adulte, dans la vieillesse. Elle n'est pas la même, non plus, dans l'amour, l'ennui, le deuil, l'angoisse. Les affects sont le tracé ou le devenir des événements dans la chair (corps et esprit confondus). Comme les corps modifient la courbure de l'espace, les affects agissent sur la texture temporelle de la connaissance et de toutes les autres activités. La matière est immanente à l'espace, constitutive de l'espace, comme les affects sont constitutifs de toutes les activités. Celles-ci varient avec eux. Un temps peut être riche ou pauvre, excitant ou monotone, plein de sens ou absurde, selon les événements qui surgissent. Les événements n'adviennent pas dans le temps (ne sont pas des faits intratemporels), mais ouvrent le temps ou le temporalisent. Remarquons que les corps sont eux aussi des événements et, en tant que tels, ouvrent une temporalité singulière. Ainsi, une œuvre d'art engendre un temps et un espace indissociables de son corps. Une personne aimée engendre également un temps et un espace, mieux encore un monde, inséparables de sa chair. Il faut bien comprendre, en effet, que l'événement ne se produit pas dans le

monde (n'est pas un fait intramondain), mais qu'il
ouvre un monde.

C'est un cliché de parler de l'égoïsme de l'homme.
L'ego, en effet, implique l'égoïsme. Ou encore, l'ego
étant un centre implique l'égocentrisme. Même notre
compassion, qui semble de prime abord s'opposer à
tout égoïsme, s'exerce en réalité vis-à-vis de certaines
personnes qui nous sont proches plutôt que d'autres.
Être heureux d'avoir échappé à une maladie ou à une
catastrophe, se sentir protégé par la chance ou une
divinité, n'est-ce pas une marque d'égoïsme, car ne
fait-on pas fi, alors, de tous les autres humains qui n'y
échappent pas ou qui ne sont pas protégés [11]? Chaque
fois que nous nous réjouissons de notre chance, que nous
soulignons une réussite, ne faisons-nous pas montre
d'une forme d'égoïsme?

Mais qu'est-ce que l'égoïsme? Voilà sans doute une
question insoluble, tellement l'égoïsme, comme idéologie ou philosophie spontanée et, plus encore, comme
praxis de l'ego, plonge profondément ses racines en
toute pensée et en toute action. Comme l'a bien montré
Nietzsche et comme peut le voir tout psychologue,
même l'action dite désintéressée est secrètement et
souvent ouvertement motivée par des motifs égoïstes,
c'est-à-dire qui tournent autour d'un besoin, d'un désir,

---

11. Le maître spirituel Krishnamurti se croyait protégé (voir
sa biographie par Mary Lutyens en trois tomes, *The Years of
Awakening*, *The Years of Fulfilment*, *The Open Door*, New York, Avon,
1976, 1984, 1991). Il sentait, par exemple, lorsqu'il prenait
l'avion, que rien de fâcheux ne pouvait lui arriver. Il participait
donc d'un égoïsme fondamental, dont sa philosophie était le
contre-pied. Il ne savait pas ce qu'il faisait, ou ce qu'il disait ne
correspondait pas à ce qu'il faisait. N'est-ce pas là ce à quoi nous
rend attentifs Wittgenstein?

d'une ambition, d'un caprice, d'un fantasme de l'ego. Comment faire autrement ? Tout être vivant, du seul fait d'avoir à respirer, à manger, est forcément égoïste. Il se doit de dire — puis, surtout, de faire ce qu'il convient —: « C'est là ma place au soleil [12] », en dépit de tous les idéalistes qui trouvent à y redire, mais qui ne le font pas moins eux-mêmes. Pour qu'un homme puisse vivre, physiquement et spirituellement, il a besoin d'un minimum vital, qui peut varier selon chacun. Ce minimum répond à des besoins, physiques et spirituels, qu'on peut qualifier d'égoïstes. Ceux-ci doivent être satisfaits sous peine d'engendrer des actes d'égoïsme hors de contrôle (comme nous le voyons dans des situations extrêmes où les hommes se battent pour un morceau de pain). Si l'on frustre exagérément l'égoïsme, l'ego se soulève, prêt même à risquer sa vie pour les satisfactions dont on le prive.

Et cela est aussi vrai d'une frustration qu'on s'impose à soi-même. Si l'on comprime trop l'ego, celui-ci se venge d'une manière ou d'une autre et trouve ailleurs les plaisirs qu'on lui refuse. Non seulement l'égoïsme n'est pas un défaut ici, mais il est même une nécessité, voire un devoir. Pour être soi-même, pouvoir réaliser ce dont on est capable, il faut aller à l'encontre des demandes qui nous sont faites, il faut avoir assez de force ou de courage pour faire de la peine à ceux qui prétendent nous aimer et qui nous aiment sans doute sincèrement, il faut pouvoir opposer ses propres désirs singuliers aux normes, normalités et consensus, il faut

---

12. Pascal, *Pensées*, *op. cit.*, p. 137. Pascal ajoute: « Voilà le commencement et l'image de l'usurpation de toute la terre. » Ce propos peut servir d'exergue à toute l'œuvre de Levinas (voir notamment *Éthique et infini*, Paris, Fayard, « Le livre de poche », 1982, p. 119-121).

pouvoir dire non aux ordres émanant de la collectivité. En un mot, il faut pouvoir être sainement égoïste. Le problème avec l'égoïsme, c'est que son champ d'application est tellement vaste que nous sommes amenés à parler de choses distinctes sous la même dénomination. Le problème est aussi que la ligne de démarcation entre le bon et le mauvais égoïsme, là comme ailleurs, est mobile, fluctuante, souvent indécidable ou inassignable.

On aura compris qu'il ne s'agit pas ici de condamner l'homme, de le ridiculiser ou de le juger. Car d'abord, au nom de quoi, de quelle valeur transcendante le condamnerions-nous ou le jugerions-nous ? Toute valeur transcendante ne fait-elle pas partie d'un idéal qui contribue à définir en partie l'homme ? Mais qui dit « en partie » implique d'autres parties, celles-là précisément qui contredisent l'idéal. Les anthropologues l'ont vu depuis longtemps : le tabou ou l'interdit implique la transgression ; l'idéal suppose le réel ; le péché est inséparable de la sainteté. Et qui serions-nous pour condamner ou juger l'homme ? Encore et toujours des hommes. Si bien qu'en nous condamnant de la sorte nous-mêmes, nous mettons en question la valeur de notre jugement. Comment, si imparfaits, nous fier à la valeur de notre jugement, y compris celui que nous portons sur l'homme ? Exprimée de façon plus générale, la question devient : Comment une partie finie peut-elle juger le tout infini, dont elle n'est justement qu'un fragment et qu'elle devrait d'abord comprendre avant de voir clair sur elle-même ? Non, il ne s'agit pas de condamner l'homme, mais de le comprendre. Et toute compréhension ne peut se faire que sur un fond de compassion.

Certes, cette compassion, comme nous venons de le voir, peut être elle-même motivée par l'égoïsme.

Nous avons tout intérêt à nous comprendre nous-mêmes, nos yeux sont curieux, intrigués, fascinés, admiratifs de nous-mêmes. Loin que la condamnation prédomine, on ne peut comprendre sans amour. Il faut être attiré par l'objet pour l'approcher, séjourner auprès de lui, entrer en lui, ce qu'implique l'acte de comprendre. Il n'y a pas d'amour sans admiration. Comment ne pas admirer un héros, même involontaire ? L'homme n'a pas le choix, il doit traverser des épreuves qui le forcent à aller au-delà de lui-même. Il voudrait qu'on le laisse en paix et mener une petite vie sans problèmes. Il aimerait passer inaperçu, être comme tout le monde. Mais l'épreuve le met dans une position impossible où il est forcé de se dépasser pour faire face. On l'admire, mais lui-même se dit qu'il n'a pas le choix. Il ne se croit aucun mérite, car s'il avait le choix il échapperait à l'épreuve, et donc à l'héroïsme. Mais c'est justement parce qu'il n'a pas le choix, qu'il est jeté dans l'épreuve comme dans l'existence, que l'homme est d'autant plus digne d'admiration. S'il allait délibérément au-devant de l'épreuve, on pourrait le dire simplement téméraire et manquant de sensibilité et d'intelligence. Par-delà tous ses manquements, à l'intérieur de tous ses paradoxes et de ses contradictions, en dépit même de ses ignominies, l'homme est admirable. Il faut être grand et fort pour parvenir à vivre avec tant de petitesse et de faiblesse ! Comment l'homme peut-il réussir à accomplir de si grandes et belles choses au milieu de tant d'obstacles ? On remarquera que toute interrogation, pour autant que l'homme en sa nature profonde soit concerné, est indissociablement une exclamation, qui est un signe d'admiration.

Nous ne soulignerons jamais assez que l'homme est un héros malgré lui. Compte tenu de sa sensibilité et de son intelligence, sa vie a nécessairement quelque chose de tragique. Il aime et doit donc souffrir en conséquence. Il se souvient et doit donc faire son deuil de ce qui n'est plus. Il anticipe et doit donc s'inquiéter… Il doit affronter des épreuves qui, au point de départ, sont trop grandes pour lui. Il doit, en conséquence, se dépasser pour y faire face. Les épreuves et les défis de la vie le forcent à s'élever au-dessus de lui-même. S'il y parvient, c'est qu'il en a tout de même la capacité. Il est merveilleux que l'homme ait en lui une telle capacité. Mais les épreuves ne se mesurent pas à la capacité de l'homme et peuvent le fouetter, le gifler, le tourmenter, l'écraser. Les épreuves déchirent le masque que l'homme s'est confectionné et qu'il porte, comme un second visage, pour performer. Elles dénudent et forcent l'homme à prendre conscience de sa fragilité. Sous les habits, sous les divers maquillages, il y a le corps tel qu'il apparaît à la naissance et tel qu'il disparaît à la mort. Et l'homme, l'ego de l'homme, avec toute sa sensibilité et son intelligence, est le personnage principal du drame ou de la tragédie. Même s'il ne peut pas être à la hauteur du rôle ou du destin qui lui échoit. Car l'homme doit vivre avec toutes les facettes, multiples, diverses, contradictoires qui le composent.

L'homme est fait d'une telle façon qu'il fuit nécessairement ce qu'il devrait affronter, qu'il ment nécessairement au moment même où il est le plus sincère, qu'il ne peut dire qu'une partie de ce qu'il sent, d'autres parties qu'il ne dit pas étant différentes, voire contraires. Le corps a beau étreindre un autre corps, l'esprit, quant à lui, n'arrive que rarement à faire corps et se trouve donc un peu ailleurs. Comme nous venons de le dire, il ne s'agit pas de condamner l'homme, mais de le comprendre. Comprendre ne le change pas nécessairement, et ne change pas non plus nécessairement celui qui comprend, cela met quand même les choses un peu en perspective. Par exemple, comprendre combien le sentiment de culpabilité est inévitable — compte tenu des manquements inhérents au fait d'être faible et mortel, compte tenu de la duplicité ontologique de l'homme qui ne peut jamais être entièrement dans ce qu'il fait et ce qu'il dit, car son être déborde de toutes parts, ne cesse de bouger et de changer, comprend une infinité de facettes qui ne peuvent pas toutes s'incarner — ne fait pas disparaître celui-ci, mais le renvoie à une histoire ainsi qu'à une structure complexes, qui sont celles de l'homme, au lieu de le rabattre sur des intentions mauvaises, qui seraient celles d'une subjectivité particulière. Certes, la culpabilité continue, par définition, à être assumée par un sujet, mais il s'agit de comprendre que celui-ci n'a précisément pas le choix de ressentir une telle culpabilité, qu'il se trouve, quoi qu'il fasse, nécessairement en faute, comme il se trouve toujours un peu à côté de lui-même et, par conséquent, toujours un peu à côté des autres et du monde ; il pourra donc se reprocher de n'avoir pas été là, d'avoir manqué d'attention, d'écoute, de présence, d'amour. L'homme est piégé par son être même ; et le sentiment de culpabilité est un symptôme de ce mécanisme ontologique. Ce n'est que dans un second temps, dans une tentative, sinon d'expliquer, du moins de donner un sens à un tel sentiment, que celui-ci est interprété moralement, et rapporté à une faute, à une responsabilité. En fait, l'homme peut lutter contre un tel mécanisme, mais c'est à partir de lui, en étant d'abord pris en lui. Peut-il l'enrayer ? Peut-il le vaincre ? Ou peut-il, du moins, l'observer attentivement, de manière à désamorcer certains de ses méfaits ? Ne sera-ce pas dans l'observation de ce qui est que celui-ci pourra bouger ? Autre façon de dire qu'on ne peut faire autrement que de partir de ce qui est si l'on veut avancer.

Chapitre 2

IDENTITÉ ET ÉCRITURE

> Les mots qui vont surgir savent de
> nous ce que nous ignorons d'eux.
>
> RENÉ CHAR

> Le vent vif feuillette
> Un livre sur le quai
> Il lit à haute voix
> Un poème sur lui.
>
> SYLVIE GENDRON

« Qui suis-je ? », telle est une des grandes questions insolubles qui courent en filigrane du processus d'écrire. L'écriture est supposée être l'expression de l'écrivain. Par elle, ne connaîtrions-nous pas celui-ci ? L'œuvre de Proust n'est-elle pas la meilleure présentation de la personne même de Proust, à son niveau le plus profond ou le plus intérieur ? Ne s'est-il pas révélé lui-même le plus complètement qu'il le pouvait dans son œuvre ?

Il en serait de même de Miller, d'Artaud, d'Emily Brontë, en fait de tout auteur, les grandes œuvres se distinguant par la profondeur de cette révélation de l'individualité secrète. Cette approche ne nous confine pas au subjectivisme, puisque l'individu ne se distingue pas de l'univers qu'il habite. Comme le proclame D. H. Lawrence, l'âme est faite de toutes ses relations, ce sont les relations qui constituent les termes qu'elles relient, loin que ceux-ci les précèdent.

L'individu dont nous parlons n'est pas séparé du monde, n'est pas un microcosme dans le monde, mais ne fait qu'un avec lui. La personne de Proust ne fait qu'un avec son univers. Et tel est un des bonheurs de l'écriture de nous mettre ainsi en contact avec une individualité et son univers. N'est-ce pas là, d'ailleurs, le sens de la communication en sa signification la plus noble ? Cependant, c'est rétrospectivement et de l'extérieur, pour nous lecteurs, que nous pensons connaître la personne et l'univers de Proust. Pour lui-même, les choses étaient fort différentes. Il n'avait pas cette distance, il collait à son présent vivant, il tâtonnait et cherchait, le « percevant » dépassait toujours tout « perçu », de sorte que subsistait toujours une part irréductible d'opacité et d'ombre comme fond de l'individualité percevante, pensante, imaginante débordant tout perçu, tout pensé, tout imaginé. Nous n'avons accès qu'au perçu, qu'au pensé, qu'à l'imaginé et ceux-ci constituent l'œuvre de Proust. Le Proust vivant demeure inconnu, comme il l'était pour lui-même. On a beau tenter de se connaître par l'écriture, on écrit précisément parce qu'*on ne peut pas* se connaître. Et en vérité, non seulement on ne le peut pas, mais *on ne le veut pas*. C'est un piège que de penser se connaître, et un piège redoublé si l'on se connaît effectivement. On perd alors la marge de manœuvre ou d'inconnu qui nous permet d'avancer.

C'est ce qui arriva à Nietzsche vers la fin de son œuvre, où il eut l'impression de se connaître enfin, de faire le tour de lui-même. « Pourquoi je suis si sage », « Pourquoi je suis si avisé », « Pourquoi j'écris de si bons livres », voilà les questions, sans point d'interrogation, auxquelles il prétend répondre dans son dernier livre *Ecce homo*. Même s'il a atteint alors les sommets de l'humour, les choses devenaient trop claires, sa mission, son destin, tellement claires qu'il en perdit la raison, comme quoi l'idée claire et distincte, quoi qu'en pensent les philosophes, n'est pas toujours du côté qu'on croit.

En réalité, seule l'idée confuse et obscure, trouée d'inconnu, baignée d'un halo de mystère, est adéquate à la réalité telle qu'elle est. L'idée claire et distincte fait plutôt violence à celle-ci, la forçant à se mouler sur le fantasme, fût-il celui de la Raison, comme l'Idée platonicienne ou une quelconque Utopie qui exige la Terreur pour être introduite de force dans la réalité.

En fait, il n'y a pas moyen de se connaître pour la bonne raison que notre nature ou notre essence se compose de tous les événements qui nous arrivent, de tous les accidents qui surviennent par hasard. Je suis en effet, à partir de la rencontre du spermatozoïde et de l'ovule, à partir de l'embryon qui se développe, à partir de ma naissance, à partir de toute la culture qui me précède et m'attend, constitué de toutes les rencontres de hasard, de tous les accidents, de toutes les relations entre ce qui émane de l'intérieur à un niveau physique, chimique, biologique, psychologique et ce qui vient de l'extérieur, du sein du vaste monde. Ma substance, pour employer ce terme de la philosophie classique, se construit de tout le devenir ne faisant qu'un avec mon parcours et mon cheminement. Je suis ce qui m'arrive, ce qui arrive fait partie de ma définition, et tant que je suis en cours — et l'écriture est une forme de parcours —, je me déroule, me dévoile, me construis et m'invente sans que je puisse savoir qui je suis, car je le deviens. Ce n'est que d'un point de vue posthume qu'on peut avoir l'impression de connaître quelqu'un, mais comme on a l'impression de voir quelqu'un en regardant sa photographie, ce qui suppose un point de vue forcément extérieur que ne peut avoir celui qui est regardé. Comment prétendre voir quelqu'un qui ne se voit pas lui-même? Comment prétendre connaître quelqu'un qui ne se connaît pas lui-même? Le voir et le connaître n'implique-t-il pas que nous partagions avec lui le même aveuglement et la même ignorance? Illusion essentiellement rétrospective qui marque sa différence avec tout processus vivant en train d'avoir lieu, comme c'est le cas pour celui qui écrit à l'intérieur de son présent vivant, et qui ne peut pas savoir qui il est, pour qui l'existence n'est pas une ligne droite, mais pleine de plis, d'aspérités et de bifurcations.

Comment pouvons-nous avoir l'impression de connaître Proust à partir de son œuvre, puisque lui-même ne pouvait pas s'y reconnaître, que celle-ci suppose au contraire un écart ou une distance intrinsèque, une dissémination fondamentale dans lesquels l'auteur perd la face et l'identité? Certes, l'auteur est à la recherche de lui-même, ou plutôt de nouveaux territoires, mais ces territoires sont précisément ceux où il perd la certitude de son identité, où celle-ci s'avère un masque derrière lequel se creusent d'innombrables labyrinthes, des territoires inconnus aux frontières fluctuantes et indécidables, une invention ou une création de soi à l'image de l'autocréation en quoi consiste la

Nature ou Dieu dont il n'est qu'un fragment minuscule. L'homme écrit parce que trop d'instances prétendent le mettre à sa place, connaître qui il est, lui appliquer telle étiquette et telle autre. L'homme, sur les scènes sociale, politique, médiatique est réduit à quelque chose d'insignifiant, même si on le met sur un piédestal et lui rend un culte comme à une idole. Mais l'idole a toujours des pieds d'argile, et c'est pour mieux la déboulonner et jouir de sa chute qu'on l'élève si haut, pour finir par constater qu'elle n'est pas mieux que nous. L'écriture en particulier, et l'art en général, offre une tout autre « image » de l'homme. En fait, elle détruit précisément toutes les images qui s'avèrent toujours « humaines, trop humaines », pour parler, une fois de plus, comme Nietzsche. L'homme est un être autrement mystérieux, autrement dangereux, bien autre chose que cet « animal domestiqué », cet être loufoque, inoffensif, complètement adapté, que nous montre, par exemple, la publicité tous azimuts qui ne fait qu'un avec l'image sociale telle qu'on se complaît à se la représenter et à s'y baigner.

Quand Rimbaud énonce « Je est un autre », c'est aussi ce problème qu'il pointe du doigt. On ne connaît pas l'homme, on ne peut pas le connaître, on ne le veut pas, plus on avance en lui et dans le monde qu'il habite, plus s'ouvre le chemin de l'inconnu, on chemine non pas pour savoir, mais, comme Socrate, pour « savoir que l'on ne sait pas », pour dépasser les couches superficielles, les clichés qui nous hypnotisent et qui cachent ce qui se trame derrière. Qu'y a-t-il derrière le langage dans lequel nous nous débattons ? L'homme fait partie des mêmes forces qui meuvent le cosmos. Il est aussi mystérieux que celui-ci. Comme le proclamait Einstein, même en ce qui concerne sa faculté ou sa capacité de connaître, « ce qui est incompréhensible, c'est que le monde soit compréhensible». Mais puisque c'est cela qui est incompréhensible, et que l'homme fait partie du monde, il n'est pas vrai que le monde soit compréhensible. On peut s'avancer dans le connu, mais l'inconnu, quant à lui, ne recule pas. Car, quand on va au bout de ce que l'on sait, on se cogne la tête contre un mur : *il en est ainsi.* Mais pourquoi en est-il ainsi ? Voilà une question à laquelle on ne peut répondre. Quand on est confronté à un univers «fini en grandeur mais sans frontières ni bord [1]», ou à un univers qui débute par un big bang dont le *pourquoi il apparaît à tel moment* ne peut recevoir qu'une réponse de type épicurien [2], ou dont on ne peut dire de lui que ce qu'on dit de Dieu, à savoir qu'il n'a pas de commencement, on doit tirer la conclusion de Steven Weinberg : «Plus l'univers nous semble compréhensible, et plus il semble absurde [3].» Au-delà de toutes les explications et

---

1. S. Hawking, *Une brève histoire du temps, op. cit.*, p. 177.

2. «Les atomes descendent bien en droite ligne dans le vide, entraînés par leur pesanteur ; mais il leur arrive, on ne saurait dire où ni quand, de s'écarter un peu de la verticale, si peu qu'à peine peut-on parler de déclinaison» (Lucrèce, *De la Nature*, traduit par H. Clouard, Paris, Garnier-Flammarion, 1964, p. 58). Les atomes, qui tombent en parallèle, dévient sans cause et sans raison : tel est le fameux *clinamen* qu'on appelle aujourd'hui big bang. Et au lieu de parler de «déviation», on parle d'«écart à l'équilibre». Pour un brillant commentaire du texte de Lucrèce, et de sa relation avec la physique moderne, on consultera M. Serres, *La naissance de la physique dans le texte de Lucrèce*, Paris, Minuit, «Critique», 1977, p. 13-14 : «Les turbulences apparaissent stochastiquement sur l'écoulement laminaire. Pourquoi ? Je ne sais pourquoi. Comment ? De manière aléatoire, pour l'espace et le temps. [...] Qu'est-ce que le *clinamen* ? C'est l'angle minimum de formation d'un tourbillon, apparaissant aléatoirement sur un flux laminaire.» Le Dieu-hasard prend la relève du Dieu-providence.

3. S. Weinberg, *Les trois premières minutes de l'univers*, traduit par J.-B. Yelnik, Paris, Seuil, «Science ouverte», 1978, p. 179.

théories, on ne peut que constater sans véritablement comprendre.

Par l'écriture, l'homme trouve sa place en ce mystère fondamental, par-delà les sciences et les philosophies. Non pas que l'écriture en acte, que le processus d'écrire, réfute ces entreprises humaines, car bien au contraire, elles aussi doivent passer par l'écriture et son écart constitutif, sa dissémination fondamentale, tout le jeu de la différence (et de la différance, selon Derrida), de l'altérité, du manque et de l'absence qui se joue en elle. L'écriture en tant que telle et, au premier chef, l'écriture de création, quel que soit son domaine particulier, met l'homme au diapason du cosmos et de l'univers, lui aussi toujours en marche dans l'autocréation, peu importe le nom qu'on lui donne, *expansion* de l'univers comme spatialisation et temporalisation, et non pas expansion *dans* un espace et un temps préalables, *évolution* de l'homme comme hominisation qui n'est d'ailleurs pas encore terminée s'il est vrai que « l'homme est quelque chose qui doit être surmonté » et qu'il « est une corde tendue entre l'animal et le surhumain — une corde par-dessus un abîme [4] ». L'homme peut tomber, l'abîme implique que rien n'est assuré. Jamais l'abîme n'est franchi, il demeure sans cesse sous la corde fragile sur laquelle l'homme avance. Donc, comme l'univers, l'homme est toujours confronté à l'inconnu, à la surprise de l'événement, bonne ou mauvaise surprise, il avance en aveugle alors même que la mort inconnue le regarde droit dans les yeux. Ce néant auquel il fait face est le même « d'où » sort le big bang ou « dans lequel » baigne l'univers, « néant » n'étant qu'un autre mot pour « inconnu ».

---

4. F. Nietzsche, *Ainsi parlait Zarathoustra, op. cit.*, p. 21-23.

Par l'écriture, autant du côté de celui qui écrit que du côté de celui qui lit, on met de côté les mesquineries qui ont tendance à occuper tellement de place dans la vie ordinaire, pour se confronter à l'essentiel, même si on ne le comprend pas, même s'il n'est pas toujours réconfortant, même si, au contraire, il met tout en question. Mais, en mettant tout en question, il nous oblige à brûler les questions faute de les résoudre, à changer de vie, du moins à changer quelque chose dans la vie, ce qui est le but de tout philosophe, comme c'était celui de Foucault à la fin de sa vie: «Se déprendre de soi-même», «penser autrement[5]». Dans l'écriture, nous perdons nos garde-fous, nous sortons des habitudes qui nous sécurisent, nous ôtons nos masques, nous devenons nus comme à la naissance ou à la mort. C'est en nous que l'écriture creuse l'écart, fêle l'identité, troue l'être.

S'il est vrai que le style, c'est l'homme, et que la marque de l'individualité est le style, celui-ci est un produit immanent de ce que nous sommes. Longtemps, nous refusons ce que nous sommes, au nom de ce que nous devrions être. Nous imitons ceux que nous admirons. Nous voulons être comme eux. Autant nous cherchons à être comme eux, autant nous devons nous nier. Nous n'avons pas le choix, nous devons passer par là, comme toute chose nouvelle. Pour accepter notre originalité, nous devons d'abord la camoufler derrière le masque de ce qui est connu et reconnu. Quitte à ce que le masque qui nous a tellement servi soit ensuite renié quand nous parviendrons à porter notre propre

---

5. M. Foucault, *L'usage des plaisirs*, Paris, Gallimard, «Bibliothèque des histoires», 1984, p. 14-15.

visage. Nous ne savons pas qui nous sommes, nous nous confondons avec ceux que nous admirons. Nous n'avons pas le courage de nous-mêmes, nous ne nous acceptons pas, nous sommes loin d'avoir la force d'imposer ce que nous sommes. Nous ne pouvons même pas nous l'imposer à nous-mêmes! Nous nions cela seul que nous pouvons accomplir au nom de ce que nous ne pouvons pas faire, puisqu'il a déjà été fait par un autre, qu'il correspond à ce qu'il est, mais ne correspond pas nécessairement à ce que nous sommes. Ce n'est que petit à petit, en persévérant, que nous parvenons à accepter la singularité de ce que nous sommes et à partir de là dans toutes nos entreprises, notamment dans l'écriture. Nous n'avons pas le choix.

Tant que nous ne sommes pas nous-mêmes, nous ne pouvons rien accomplir, nous échouons nécessairement dans toutes nos entreprises. Nous devons finir par admettre, comme Beckett pour lui-même: «L'obscurité que je m'étais toujours acharné à refouler est en réalité mon meilleur[6].» Oui, parce que cela fait tellement partie de moi, même si cela peut sembler un défaut selon certains critères extérieurs, cela est mon meilleur, si seulement je l'accepte au lieu de tenter désespérément et stérilement de le refouler. Je cherche souvent les conditions idéales qui me permettraient de me réaliser enfin, mais la recherche de ces conditions camoufle cela seul qui importe: partir de soi, là où on se trouve, dans des conditions défavorables, et procéder avec les moyens

---

6. S. Beckett, *La dernière bande*, Paris, Minuit, 1959, p. 23. «Du point de vue thématique, ce contre quoi Beckett dressait la barrière de ses premiers livres — le gâchis, le dégoût, la boue intérieure, les sentiments d'étrangeté, d'anéantissement — devient la matière première des livres suivants» (D. Anzieu, *Beckett*, Paris, Gallimard, «Folio», 1998, p. 64).

du bord. Il me faut vivre et écrire avec ce que je suis, même si ce sont des défaillances, des manques, des défauts. C'est avec mes manques, mes défaillances, mes lacunes, mes impossibilités, mes impasses que je dois écrire. D'ailleurs, je ne peux pas écrire autrement. Si j'écris autrement, ce ne sera pas moi, ce ne sera pas ce que, moi et moi seul, je peux écrire. Et si l'écriture est une thérapie, elle doit prendre sa source dans cela même qui fait problème et maladie. Il me faut partir du plus près si je veux aller le plus loin. Là se trouve l'unique source d'inspiration, le seul moyen de passer de la possibilité ou du désir d'écrire à l'acte d'écrire. On n'écrit pas *sur* tel ou tel sujet ou objet, mais écrire s'engendre de cela même qui nous tenaille, nous absorbe, nous obsède, nous fait problème, nous empêche d'écrire. Une écriture propulsée par l'empêchement d'écrire acquiert une nécessité vitale. Celle-ci ouvre la singularité sur l'universalité. L'universel, en effet, n'est pas au-dessus, ailleurs ou au loin, mais ici même, au plus près, à l'intérieur de ce qui se déroule. Ce n'est pas une question de justifier ce qui est ou de s'en satisfaire, mais de le comprendre en s'y enfonçant, de le subvertir de l'intérieur par la force de l'énergie avec laquelle nous l'investissons (comme on investit une place forte). Nous avons besoin d'une immense énergie pour créer. Et où peut se trouver celle-ci, sinon dans la réalité ? À ce niveau également, vaut l'équation d'Einstein : $E = mc^2$. L'énergie *est* la réalité. Elle ne se trouve nulle part ailleurs. C'est donc dans notre faiblesse, nos impasses, notre difficulté d'être, notre confusion, notre obscurité qu'il nous faut plonger si nous voulons maîtriser le mystère des courants.

Au point de départ, je suis faible, incapable. Et c'est parce que je pars de cette faiblesse et de cette inca-

pacité, que je leur fais face, que je les empoigne, que je
ne veux pas les quitter d'un pas, que j'en fais le matériau
même de la création, qu'elles se transforment imperceptiblement. Faiblesse et incapacité sont transformées
par l'acte de création en une force très subtile, la force
même de l'immanence, de la réalité ou de la vie. Il ne
s'agit pas d'une force pensée, voulue, désirée, fantasmée,
idéale, mais d'une force qui ne fait qu'un avec l'énergie
de ce qui est. Le changement ne peut être effectif que
parce qu'il se fait à l'intérieur même de ce qui est, alors
que tout changement rêvé, désiré, anticipé n'est qu'un
idéal ou un fantasme, rien de plus qu'une idée. Tel est
justement l'acte de création : transmuer l'impossibilité
et l'incapacité en nouvelle possibilité et nouvelle
capacité de vivre et de créer, transformer l'impasse
en un nouveau chemin permettant d'aller plus loin,
transformer la tension stérile en tremplin pour dire
l'inouï, un inouï d'autant plus puissant qu'il a été plus
longtemps contenu et découle d'une plus grande tension, transmuer le trébuchement en manière originale
d'avancer, l'apparent délire en rationalité plus profonde,
les difficultés de vivre en de nouvelles explorations et
de nouvelles aventures...

Il nous faut trouver un style, *notre* style, qui effectue
cette transmutation. Il faut que la lumière émane
directement de l'obscurité, la forme directement de
l'informe, le cosmos directement du chaos. Ce sera
l'obscurité en tant que telle qui s'illuminera, la forme
se tiendra au plus près de l'informe, le cosmos sera celui
du chaos. L'idée claire et distincte, pour reprendre
l'expression de Descartes, n'aura de sens que d'exprimer
la réalité confuse et obscure. S'il s'agit en effet de laisser
la parole à ce qui est trouble, chaotique, obscur, cette
parole portera les traces de son origine. S'il s'agit de

dire la mort indicible, la parole sera trouée par le silence, la connaissance sera trouée par l'inconnu. Le propos sera transparent, mais cette transparence sera celle de l'opacité. Comme quelqu'un qui dit tout de lui-même et qui en est d'autant plus insaisissable. Puisqu'il ne se cache pas, il n'offre pas de prise. On a beau tout voir et tout entendre, précisément parce qu'il n'y a pas un référent caché qui serait le fin mot de l'énigme, la réalité glisse sur notre perception comme un timbre trop mouillé sur une enveloppe.

C'est là tout l'art du style [7]. C'est une affaire de ton, de musique, de rythme. Quelque chose d'imperceptible, comme une atmosphère, comme un souffle ou un vent (précisément l'*esprit*). C'est ce ton indéfinissable, à la fois singulier et impersonnel, qui se retrouve dans les grands livres que nous aimons. Où l'auteur se montre tout entier et se dérobe, son individualité ne faisant qu'un avec l'humanité. C'est une manière, un art d'écrire *et* de vivre. On écrit pour s'écarter de tous les sentiers battus, des métaphores usées, des signes devenus insignifiants, des symboles transformés en clichés, pour faire un pas salutaire de côté, quitter la grande ville pour le désert, mettre fin au bavardage au profit d'une parole ou d'un *Logos* tendu vers le silence.

----

7. On comparera avec ce que dit Nietzsche : « *Communiquer* par des signes — y compris le *tempo* de ces signes — un état, ou la tension interne d'une passion, tel est le sens de tout style » (*Ecce homo*, traduit par J.-C. Hémery, Paris, Gallimard, « Idées », 1974, p. 68-69). Par le style, nous parvenons à communiquer l'incommunicable, à faire sentir ce qui se trouve en deçà ou au-delà de toute parole. Un peu comme fait la musique. Ou encore, le style consiste à agir « sur la matière grise du cerveau directement », comme Artaud le disait du cinéma. Grâce au style, « l'esprit s'émeut hors de toute représentation » (« À propos du cinéma », dans *Œuvres complètes*, III, Paris, Gallimard, 1970, p. 80 et 83).

Le vrai secret en effet n'est pas le masque, mais le visage nu. Le masque, en cachant, révèle, se réfère encore à une vérité à découvrir. Alors que le visage nu ne cache rien, montre tout le visible et renvoie donc immédiatement à sa propre énigme. C'est ainsi qu'après avoir vu les choses telles qu'elles sont, sans les camoufler, et après toutes les explications scientifiques, toutes les démonstrations philosophiques, toutes les descriptions littéraires, on est confronté à l'énigme de l'«il y a» ou du «il en est ainsi».

Tel sera notre style, au plus près de ce que nous sommes réellement, sous toutes nos facettes, y compris les problématiques, les douloureuses, les terribles. Nous attendions d'être autre avant de commencer. Mais il fallait commencer en plein milieu de ce que nous étions, pour le métamorphoser sur place par la force et la grâce de la création. C'est parce que nous étions dans l'impasse qu'il nous fallait tenter d'en sortir par la ligne de fuite ou de percée de l'écriture, c'est parce que nous étions hypnotisés par l'échec qu'il nous fallait réussir à écrire. Et nous allions écrire *dans* l'impasse et *dans* l'échec, et cette écriture serait percée et réussite. C'était tout le négatif, sous la forme du désespoir, de l'angoisse et de la panique, de la frustration et de l'humiliation qui allait constituer l'énergie capable de nous jeter dans le courant de la création. Celle-ci était l'avers positif de tout le négatif qui nous tuait. Ce qui nous tuait allait nous faire vivre. Ce qui nous stérilisait allait nous faire créer. Ce qui nous emprisonnait allait nous libérer. L'épreuve douloureuse allait nous faire avancer. C'était le face à face avec l'obstacle qui allait nous permettre de le franchir, de le contourner, de le déplacer. Ce qui nous arrêtait allait nous faire rebondir de plus belle. C'était par une prise de judo sur l'ennemi que la force de celui-ci allait nous permettre de le vaincre. L'ennemi serait notre secret allié, nous fournissant l'énergie nécessaire pour sortir de la léthargie et de la stérilité. C'était en empoignant celle-ci, en s'enfonçant en elle, en cessant de la fuir et de la dénier, qu'elle allait nous donner la capacité de créer. Cette dernière ne pouvait que provenir de la réalité telle qu'elle était, avec ses impasses, ses difficultés, ses frustrations, ses humiliations. Toute tentative de sauter par-dessus la réalité était vouée à entretenir l'échec et l'impasse. L'idéal ne pouvait pas nous aider. Seule la réalité, à savoir ce que nous étions, avec nos limites, nos culs-de-sac, notre fébrilité, notre fragilité pouvait nous faire avancer. Encore fallait-il nous ouvrir à elle, la laisser nous emporter, nous guider, au lieu de vouloir la changer, la violenter, la contrôler.

C'est donc pour déjouer le cliché, déjouer l'identité, déjouer l'image et la visibilité que l'on écrit. Parce que tout est trop clair dans la réalité dominante et performante. Et que nous avons besoin de brume et de brouillard, nous avons besoin de ne pas comprendre. Ce n'est pas pour éclairer ou éclaircir la vie que l'on écrit, mais, au contraire, pour jeter de l'ombre au visage de la lumière, pour ne pas voir et cheminer dans le noir, pour être perdus comme nous nous sentions parfois quand nous étions jeunes, pour redonner aux faits et gestes de la vie tout le mystère dont, avec le temps, on les a dépourvus.

Il y a là tout un paradoxe.

Car si le lecteur lit pour voir clair, l'écrivain, quant à lui, écrit au contraire pour voir sombre et obscur, pour explorer des contrées inconnues, pour se perdre en des territoires inexplorés. Ce qu'on a fait de la vie, à coups d'inventions scientifiques et techniques, mais plus encore de prétentions et d'habitudes, non seulement ne satisfait pas, mais encore vide celle-ci de son sens. Nous avons besoin de *ne pas* savoir qui nous sommes, qui sont ceux que nous côtoyons et aimons, pour vivre. Or, on nous les exhibe comme des identités bonnes à consommer et à jeter. Mais au fond de nous, la vie proteste et ne se laisse pas réduire ainsi. Et c'est la raison pour laquelle on écrit. Pour brouiller les pistes, briser tout cliché et toute identité, créer un halo incompréhensible autour de tout objet et de tout sujet prétendument bien connu. Nous écrivons pour cheminer dans le noir, dans le gris, l'obscur, le confus et l'incertain, pour fuir la lumière trop claire, trop simple et trop évidente des médias, des informations et des communications.

Nous voulons voir clair quand nous lisons, mais écrire est le seul lieu où, enfin, nous ne savons pas où nous allons, où le mystère, qui vient de la vie, est redonné à celle-ci à l'encontre de toutes les analyses et de toutes les explications qui la désenchantent et la vident de son sens. Un sens qui ne peut pas être connu, qui ne consiste pas en une explication philosophique, scientifique ou religieuse. Nous écrivons quand nous voulons fuir, sortir de ce qui va de soi, enlever le masque que nous portons, respirer un autre air que celui de l'étroitesse d'esprit et de la mesquinerie qui semble être le propre de toute collectivité, quelle qu'elle soit. Nous écrivons quand nous voulons sortir du savoir de toutes sortes, quand nous voulons retrouver l'ignorance et l'innocence propres à l'enfance qui habite au cœur de tout âge. Non pas par un désir de régresser, mais, au contraire, d'aller de l'avant, d'avancer, de sortir des sentiers battus, de perdre la face, l'image, le cliché et l'identité, pour laisser enfin sa place à toute la part incoercible d'inconnu et de mystère qui fait tout le charme et la joie intrinsèque de vivre.

Nous sommes toujours coincés entre des clichés. On est d'un bord ou de l'autre, ou plutôt on nous met d'office d'un bord ou de l'autre. Il faut choisir entre les options qui nous sont présentées, même si aucune ne nous convient. Si l'on n'est pas ceci, on est donc cela. C'est vrai de la vie ordinaire et c'est également vrai de la philosophie. Si l'on emploie tel concept utilisé par un philosophe, on est forcé de dire telle chose. Un concept transporte avec lui toute une connotation. Si l'on n'est pas pour une philosophie, on est donc pour une autre. Qui sommes-nous ? À quel endroit nous situons-nous ? Dans quelle case logeons-nous ?, nous demande-t-on. On veut tellement savoir qui on est, ce qu'on fait, où on se situe. C'est pour déjouer tous ces pièges que l'on écrit. Pour se faufiler entre les clichés, pour dire autre chose que ce qui a été dit, faire entendre une autre voix, inclassable, imperceptible. Ce n'est pas pour apporter une nouvelle réponse aux questions déjà posées que l'on écrit, mais pour poser de nouvelles questions, inédites et inouïes.

Car toutes les questions, alors qu'elles étaient vivantes quand elles ont été posées pour la première fois et qu'elles correspondaient à une réelle nécessité, sont transformées en clichés, entraînant des réponses elles aussi sous forme de clichés, maintenant qu'elles sont répétées et ressassées au nom de la tradition et de l'incapacité d'inventer de nouvelles questions. Nous ne savons pas ce que nous pensons, et peut-être ne voulons-nous rien penser, mais plutôt balayer les pensées déjà faites et les propos déjà tenus, les déjouer, passer à côté, pour toucher du doigt l'impensable et l'indicible.

Le philosophe-écrivain traverse des pensées, emprunte des concepts, séjourne en telle ou telle école ou tendance philosophique, non pas pour les étudier, les explorer ou les analyser, mais parce qu'ils sont des jalons sur son chemin. Toutes ces idées, ces réflexions, ces citations sont autant de moyens, non pas de s'arrêter et de s'attarder, mais d'aller plus loin, non pas qu'on veuille aller quelque part, ou qu'on ait en vue une destination précise, mais parce qu'il n'y a d'autre chemin que le cheminement, d'autre être que le devenir, d'autre but que le mouvement, comme un promeneur n'a d'autre but que sa promenade même puisque celle-ci ne peut, au bout de la ligne, que le ramener au point de départ.

De même, après la promenade de la vie, l'homme revient où il est parti, et on ne peut pas dire qu'il s'agisse là d'un but ou d'une destination. Le seul but en effet est la vie même : vivre pour vivre. Nous cheminons à tel endroit ou à tel autre.

Artaud traverse le théâtre, la drogue, le Mexique, la folie, mais ce qui importe, ce ne sont pas ces lieux où il s'attarde parfois, mais le mouvement qui les lui fait traverser, non pas même à la poursuite de lui-même, mais dans un accomplissement de ses potentialités qui n'arrive jamais au bout, arrêté que l'homme est toujours par la mort qui arrive sans lui demander son avis.

De même, le philosophe traversera des idées, des croyances, des convictions ; il traînera après lui, comme la queue d'une comète, des références, des citations, des morceaux de philosophies[8]. Mais ce qui lui importe,

---

8. On comparera avec Nietzsche : « Les grands esprits sont des sceptiques. [...] Les convictions sont des prisons. [...] Pour être fort, il *faut* être libre de toute conviction, *savoir* regarder librement... [...] La conviction est un *moyen* : il est bien des choses

c'est de ne pas s'engluer en telle ou telle théorie, explication ou interprétation, de tracer une ligne de fuite ou de création originale à travers tous ces terrains piétinés, sur lesquels ont été édifiés tellement d'édifices impressionnants, où sont érigés les nombreux monuments de la culture et où gisent les chefs-d'œuvre du passé. Il faut user des idées et des théories élaborées pour aller plus loin et penser par soi-même. Les grandes lumières du passé doivent servir d'étincelles pour allumer notre propre flambeau. Il faut porter plusieurs masques pour se confectionner un visage, se chercher pour se trouver, imiter avant de créer. On ne peut d'emblée être qui on est, il faut le devenir.

Nous l'avons dit, pendant longtemps, c'est une certaine façon de porter des masques d'emprunt qui distingue notre visage, c'est une façon d'imiter qui constitue notre originalité. Nous empruntons les voix des autres, façon de nous faire peu à peu à notre propre voix. Par l'entremise des autres voix, nous expérimentons la nôtre, nous la confectionnons petit à petit. Nous nous cherchons dans les autres, dans les grands auteurs que nous admirons et où nous trouvons ce qui nous convient, ce qui nous aide à devenir qui nous sommes. Ce sera tel auteur, tel propos qui nous frapperont. Nous nous cherchons dans les autres et y trouvons ce qui nous ressemble. Processus lent et infini.

L'important est de faire entendre déjà un peu de sa voix ou de sa petite musique parmi la clameur, de tracer tant bien que mal sa voie à travers tous les cheminements qui ont été rétrospectivement figés en chemins. Par exemple, si le philosophe emploie le concept de

---

que l'on n'atteint qu'au moyen d'une conviction » (*L'antéchrist*, *op. cit.*, p. 98).

corps, ou d'esprit, ou de culpabilité, ou d'égoïsme, ce sera toujours en un sens singulier qui se construit sur place et qui tente de se faufiler entre tous les sens définis et installés qui ont souvent dégénéré en clichés. Il utilise ces concepts pour les ébranler de l'intérieur dans leur sens acquis, pour les ouvrir, pour les forcer à se connecter à d'autres significations non encore advenues. Il les utilise pour leur faire pointer du doigt l'indicible et l'innommable, à savoir la réalité en deçà de tous les clichés, dont ceux-ci ne peuvent s'approcher, qu'ils ne peuvent que défigurer. Il s'agit d'ébranler tous les édifices déjà édifiés, de passer inaperçu au milieu de toutes les identités dûment répertoriées. Les clichés enserrent la réalité dans les bandelettes d'une momie. Ils n'enferment qu'un mort alors même qu'ils voulaient immortaliser la vie. En fin de compte, ce qui importe, ce n'est pas le sens de tel ou tel concept, mais le mouvement qui le fait intérieurement tressaillir et le mouvement d'ensemble dans lequel tous les concepts sont emportés.

Ce qui importe, c'est le grand vent venu du large, ou encore le grand fleuve d'Héraclite qui emporte tout en son flot tumultueux, idées, jugements, convictions, réflexions, doutes, impressions, intuitions, émotions, perceptions, etc. L'important, répétons-le, c'est le flux, le mouvement, la promenade. Il nous faut séjourner dans les pensées des autres, être nous-mêmes pensés par elles et penser à partir d'elles. Mais l'important, c'est d'en revenir toujours aux impressions mêmes, d'observer par soi-même, d'établir le contact avec les choses mêmes, et non seulement avec les discours tenus sur elles. Il faut penser principalement à partir d'un tel contact. Ou encore, l'important, c'est que ça s'écrive, que le texte aille de l'avant, c'est l'écriture qui nous emporte et nous amène à traverser telle ou telle idée, telle ou telle conception, à faire référence à tel ou tel auteur. Elle est le coup de vent qui nous pousse dans le dos, ou encore elle est le train en marche dans lequel il nous faut sauter si nous voulons partir. En même temps, l'impulsion d'écrire vient toujours d'une émotion, d'une question, d'un événement, en un mot, de la vie. Comme nous l'avons déjà dit en effet, c'est pour sortir d'une impasse que l'on crée, pour tracer une ligne de fuite qui nous permettra de sortir du cul-de-sac dans lequel nous sommes enfermés, c'est pour déplacer les termes de problèmes qui, tels que posés, semblent ne pas offrir d'issue, c'est pour faire un cosmos de tout le chaos qui nous habite, faire quelque chose de durable et d'unifié, en un mot faire une œuvre de toutes ces impressions vagues qui nous hantent, de toutes ces perceptions fugitives, de toutes ces réflexions évanescentes, de toutes ces rencontres de hasard qui parsèment notre vie, c'est pour donner une certaine consistance à ce qui semble s'effriter de partout, pour donner une signification à ce qui a toutes les apparences de la pire absurdité, pour rassembler en une synthèse ce qui, laissé à lui-même dans la vie, est dispersé, pour laisser des traces de ce qui ne cesse de passer...

C'est parce que nous sommes malades que nous écrivons, parce que l'écriture est la meilleure thérapie que nous connaissions. C'est parce que la réalité en place nous semble passer à côté de l'essentiel et que, donc, nous étouffons en elle. C'est pour donner la parole à tout le laissé-pour-compte, à tout l'inutile, à ce qui n'a pas d'identité, à ce qui ne fait l'objet d'aucune manchette, à ce qui peut à peine se communiquer : tout le non-dit, tout ce qui n'est pas mais insiste, tout l'intolérable, qui dépasse les capacités de sensation, de perception, de remémoration, d'émotion, d'imagination, de conception. C'est, par exemple, pour donner sa place à la mort au cœur de la vie, même si, par définition, la mort n'occupe aucune place, elle est plutôt comme un vide, un trou, un interstice, une rupture, une béance, une faille, une défaillance, ce d'ailleurs pourquoi on la laisse de côté, on fait *comme si* elle n'existait pas. En effet, *elle n'existe pas*, c'est en cela qu'elle « consiste », trouer l'existence, être l'*autre* de l'existence.

L'écriture tentera de pointer du doigt ce qu'on ne peut ni penser ni dire. C'est en tant qu'indicible qu'elle le dira, en tant qu'impensable qu'elle le pensera. Ce que la société doit laisser de côté pour se former et prospérer sera précisément ce autour de quoi l'écriture ne cessera de tourner comme étant le plus important, le délaissé, le refoulé, l'exclu. C'est toujours du plus profond de la vie que surgit l'écriture. C'est là qu'elle acquiert sa nécessité et qu'elle peut, par conséquent, également avoir sens pour des lecteurs éventuels. C'est en ce sens que nous disons que toute écriture est profondément autobiographique, bien au-delà de l'anecdote, de telle ou telle activité, rencontre, de tels ou tels faits et gestes. L'écriture prend son essor à partir du plus profond et secret de la vie. Tel problème se pose concrètement et s'incarne en telle impression, telle émotion, telle fébrilité, tel cul-de-sac, telle angoisse. C'est là que se trouve l'impulsion d'écrire. C'est ainsi que le processus d'écrire trouve sa logique au plus profond de la psyché. Cette impression ou émotion résume toute une situation, qui est celle de l'écrivain, mais plus encore de l'être humain.

Ce qui est autobiographique n'est donc pas personnel pour autant, car au fond d'eux-mêmes, et pour l'essentiel, tous les humains sont semblables. « Rien de ce qui est humain ne m'est étranger. » Cette parole de Térence est sans doute l'une des plus belles de la philosophie. Ce sera le défi de l'écrivain que de parler de l'homme tout en parlant de lui-même, d'universaliser sa singularité de telle sorte que les autres humains puissent s'y reconnaître. L'écrivain parle pour l'humanité. Il met au jour ce que celle-ci garde secret. Il élève également ceux dont il parle à la grandeur de l'humanité. Les personnes qui l'inspirent sont transformées dans son œuvre en personnages héroïques, plus grands que nature. Ils sont plus grands que nature au sens où, dans la vie, les hommes passent inaperçus, vivent sans témoin, dans leur for intérieur, sans attache, leurs faits et gestes ne cessant de passer, de disparaître. Disparaître comme on perd conscience, comme on s'endort, comme on défaille. L'écrivain donnera une consistance à cet imperceptible, une durée à cet éphémère, une solidité à une vie qui ne cesse de couler.

C'est ce que fera Rembrandt en peinture : montrer dans toute sa gloire et sa splendeur évanescente la figure humaine au moment même où elle sort du néant où elle va bientôt retomber. La vision de l'artiste consiste à rendre visible l'invisible. Elle n'est pas que subjective. Elle consiste au contraire à voir, d'une vision de visionnaire ou de voyant, ce que le visible de la réalité dominante, du regard habituel, étouffe ou écrase.La vision décape la réalité des noms coutumiers et des vérités toutes faites pour la restituer à elle-même, à savoir à l'inconnu. Au-delà ou en deçà de la connaissance, du conditionnement, des habitudes, des préoccupations et des occupations, la réalité baigne dans un vide ou un silence à la fois merveilleux et terrible. Chaque singularité artiste réalise ou met au jour une facette de cette innombrable réalité ordinairement cachée. Puisque celle-ci est habituellement recouverte sous les connaissances et les clichés, elle ne se révèle que par un acte de création. C'est dire qu'invention et découverte ne peuvent aller qu'ensemble. En cela, l'artiste copie effectivement la Nature, non en tant que celle-ci est morte ou toute faite (en tant qu'elle est un fait accompli, un état de choses ou un composé d'objets), mais en tant qu'elle ne cesse de devenir en un processus sans commencement ni fin de création d'imprévisible nouveauté (en tant qu'elle est un événement). La Nature, en effet, est l'Événement des événements, parmi lesquels surgissent l'événement d'écrire, l'événement de peindre, etc. Dans tous les cas, l'événement se manifeste ou se découvre en se créant. En tant que surgissement et que surprise, il est incomparable, inévaluable, incompréhensible, irreprésentable.

Copier ou imiter la Nature n'est pas la reproduire, mais faire comme elle, c'est-à-dire créer. L'homme lui-même est une création de la Nature, et est donc, en tant que tel, créateur. On pourrait dire que c'est la Nature encore et toujours qui continue à créer par l'entremise de l'homme. Dans le cas de Rembrandt, il s'agit de rendre visible le mystère d'une vie, le lien magnifique, majestueux, vertigineux, effrayant, horrible de l'apparition et de la disparition. Une vie comme un événement inattendu, surgissant du rien et toujours sur le point d'y retomber. Chez lui en effet, la forme claire s'arrache directement à ce qui est obscur ; les figures humaines sont autant de lumières vacillantes éparses dans la nuit noire. L'être de chair et de sang est un être particulier, fragile, mortel, complexe, imparfait. La peinture conférera une intemporalité, une impersonnalité, une simplicité, une perfection à l'être de chair et de sang, ou plutôt fera ressortir celles-ci de son être, comme une exaltation ou une célébration de celui-ci. L'art comme élévation à la plus haute puissance de l'extrême vulnérabilité, exaltation de la mortalité, célébration de l'évanescent. L'être vieillissant, sujet à toutes les avanies et à tous les accidents, sera transformé en monument. Il ne perdra rien de son humanité, ce sera au contraire celle-ci qui sera exaltée et célébrée. Ce ne sera plus tel ou tel humain seulement, mais l'humanité même de l'humain dont il sera question. Un homme fragile, soumis au temps, mortel, plein de questions sans réponse, perdu dans un univers infini, sachant peu, ignorant presque tout. Quelle compassion et quelle tendresse dans l'art de Rembrandt !

Tel sera aussi le signe de la réussite du projet d'écriture : une écriture qui puisse sortir des tiroirs, devenir publique, être publiée, qui ne tourne pas stérilement autour de l'ego seulement, mais qui parvienne à élargir celui-ci à la grandeur de l'humain. Ce sera affaire de ton, de filon, trouver le filon qui permette à l'écriture de se faire, aux émotions de se dire, aux impasses de s'exposer, aux problèmes de s'incarner, pour faire avancer le tout, le déplacer, et donc, déjà, sortir de l'impasse, déplacer les termes du problème, transformer les émotions, élever l'intolérable même à l'œuvre, trouver une solution vivante aux questions vitales qui puisse également aider les autres à avancer.

C'est pour dire le non-dit que l'on écrit. Ce non-dit peut être indicible. Mais c'est dans l'effort pour s'en approcher que l'on écrira. Et c'est dans cet effort qu'on parviendra peut-être à dire ce qui n'est dit nulle part, qu'on parviendra à passer à côté des vérités reconnues, des propos convenus, des innombrables clichés dans lesquels se sont figées les anciennes vérités. Qu'est-ce qu'un cliché, en effet, sinon une vérité qui a perdu la vitalité et la surprise de la découverte ou de l'invention et qui a dégénéré en formule et en évidence ? C'est par insatisfaction vis-à-vis de tous les discours que l'on entend que l'on écrit, discours qui occupent les devants de la scène sociale ou médiatique.

Mais c'est aussi par insatisfaction devant ce qu'on lit que l'on écrit. Dans la plupart des livres que nous lisons, nous ne retenons qu'une phrase ou deux, mais est-il besoin de plus pour faire une œuvre ? Combien de pages lues pour enfin trouver la phrase qui nous touche et nous donne à penser ! Mais c'est la même chose quand on écrit. Tout le texte tourne autour d'une phrase ou deux qui sont comme des pépites profondément enfoncées dans la pierre brute[9]. Il y a des textes que nous admirons parce qu'ils sont l'expression d'une forte individualité. Ils manifestent la capacité d'aller le plus loin possible au bout de soi-même, peu importe ce que l'on est. Certes, on peut être agacé par l'agressivité de Nietzsche, la sexualité de Miller, l'orgueil de D. H. Lawrence, le masochisme de T. E. Lawrence, la hargne de Thomas Bernhard, le nihilisme de Cioran, la bestialité de Sade, la mondanité de Proust, l'obscurité de Beckett, la folie d'Artaud, les manies et les obsessions de tel ou tel autre, mais ce qui importe, c'est que chacun crée avec ce qu'il est, qu'il sorte des sentiers battus, qu'il accepte de procéder à l'intérieur de ses limites ou de sa sensibilité, car c'est uniquement quand on accepte

---

9. « Je crois que si un écrivain arrive au cours de toute une vie de travail, à écrire une dizaine de poèmes, ou quelques pages où il est parvenu à une certaine réussite, c'est tout ce qu'il peut espérer. Le reste, ce qu'on nomme une œuvre, c'est comme l'échafaudage qui va faire tenir ces quelques poèmes ou ces quelques pages » (C. Juliet, *Mes chemins*, Paris, Arléa, 1995, p. 50-51).

ses limites, qu'on trouve l'illimité, comme le déclare Miller. Ce sont tous des créateurs, qui ont donc créé à partir d'eux-mêmes, en dehors de toutes les écoles, de tous les groupes, de toutes les catégories, de toutes les classifications. Leur œuvre est d'autant plus universelle qu'elle est absolument singulière. Ils osent aller de l'avant à partir de leurs limites, de leurs défaillances, de leurs imperfections. Ils tracent une voie unique qui porte leur nom.

Trop de livres, en revanche, demeurent dans les sentiers battus et ne font preuve d'aucune originalité ou créativité. Ils nous apparaissent enfoncer des portes ouvertes ou ne comporter aucun enjeu vital. Ils n'obéissent à aucune profonde nécessité intérieure, ne prennent pas de véritables risques. Ils ne mettent en jeu et en question aucune vie, aucune individualité, tout au plus exhibent-ils l'ego. Ils ne parviennent pas à faire la synthèse magique du singulier et de l'impersonnel. En ce sens, ils *ne sont pas écrits*, ne creusent pas le langage, n'y forent pas des trous, comme le faisait Beckett, pour voir ou entendre « ce qui est tapi derrière », ne le tendent pas vers sa limite ou son dehors, ne tentent pas de le faire crier, bégayer, balbutier. Ils n'inventent pas de langue étrangère au sein de la langue majoritaire ou dominante [10]. Ils n'ont d'autre justification que de donner le change et n'ont pas de sens en eux-mêmes, mais seulement de l'extérieur, par exemple du point de vue d'une carrière. Ils illustrent le propos virulent d'Artaud : « Toute l'écriture est de la cochonnerie [11]. »

---

10. « Les beaux livres sont écrits dans une sorte de langue étrangère » (M. Proust, *Contre Sainte-Beuve*, Paris, Gallimard, « Idées », 1954, p. 361).

11. A. Artaud, *Le pèse-nerfs*, dans *Œuvres complètes*, I, Paris, Gallimard, 1970, p. 120.

Mais même parmi les livres que nous aimons et admirons, nous sommes frappés par le non-dit, que l'individualité de tel auteur ne pouvait pas dire, puisque seulement nous-mêmes pouvons peut-être le dire, compte tenu de notre singularité unique. La réalité n'est-elle pas constituée d'une richesse infinie dont chaque individualité, si elle s'en donne la peine, peut mener au jour un trésor singulier ? Seulement pour nous-mêmes, peut-être, existe ce non-dit qui nous frappe dans tout ce que nous lisons, et si nous voulons le lire, il nous faudra d'abord l'écrire. Tout ce non-dit, qu'il soit ressenti dans les discours véhiculés par les médias ou dans les livres profondément individuels que nous aimons, est comme un creux, un vide, une absence. Lui aussi est l'exclu, le laissé-pour-compte, l'interdit. Qu'est-ce qu'un écrivain, sinon un explorateur qui découvre de nouvelles terres jusqu'alors inconnues ?

Il y a un grand paradoxe dans l'acte d'écrire. On écrit pour mettre en lumière ce qui est laissé dans l'ombre. Mais le risque est que la nouvelle vérité dégénère à son tour en cliché. Ce sont les imitateurs qui recréent le cliché de cela même qui s'en était dégagé. Mais peut-être est-ce le lot de tout ce qui est : apparaître par surprise, comme une grâce et un don, être tenu pour acquis, devenir une prison, disparaître ou mourir ?

Il y a un autre paradoxe. Si l'écrivain élève à la lumière ou à la manifestation le non-dit, c'est pour s'en débarrasser, ne plus être obsédé par lui, l'oublier. D'où le malentendu fondamental qui consiste à identifier un livre avec ce que l'auteur pense. Car s'il l'a écrit, c'est précisément pour ne plus avoir à y penser, pour mettre derrière soi le personnage qui en était obsédé et qui n'est peut-être lui aussi qu'un autre masque. C'est pour

faire un vide plus radical que l'on écrit, pour désin-
cruster la réalité de tous les mots qui la recouvrent.
Mais sans doute n'y parvient-on jamais, ou n'y parvient-
on que lorsqu'il est trop tard, à la mort? Mais tout de
même, l'écrivain enlève des couches ou des strates. Tout
passage d'un non-dit à un dit dégage une nouvelle
couche. Comme le dit Beckett, l'auteur tend vers le
silence. Il écrit pour ne plus avoir à dire, pour dépouiller
ou épurer toujours plus son contact avec la réalité.
Tâche de toute une vie qui fait en sorte qu'il y a
toujours à écrire[12].

C'est dans l'écriture, par elle, que l'auteur tend vers
le silence. Quand il n'écrit pas, en effet, ce n'est pas
nécessairement le silence, c'est bien au contraire l'as-
sourdissement par la rumeur, personnelle et publique,
l'impérialisme du monologue intérieur. Le fait d'écrire
fait taire toutes ces voix stériles. Une seule se fait
entendre, la plus profonde, tel le *Logos* d'Héraclite, à la
fois singulière et impersonnelle, qui n'appartient qu'à
l'auteur et qui s'adresse à tout le monde, voix essentielle
tendue vers le silence. Celui-ci n'est pas à l'extérieur,
mais c'est dans la parole même qu'il doit pour ainsi dire
se faire «entendre». Il troue la parole, la confronte à
son autre, met l'altérité en son cœur. La parole devient
un doigt qui pointe l'indicible. Elle bégaie, balbutie.
Le vide qui sépare les mots est un autre signe de ce
silence. Le texte est toujours inachevé, arrêté abrup-
tement, en chacune de ses phrases, en chacun de ses
paragraphes, en son «tout» qui, faute de se clore, n'est
précisément pas une totalité. Il va aussi loin que telle
pensée, tel affect et s'arrête, quitte à repartir ailleurs

---

12. Comme l'écrit Beckett: «La recherche du moyen de faire
cesser les choses, taire sa voix, est ce qui permet au discours de se
poursuivre» (*L'innommable*, Paris, Minuit, «10-18», 1953, p. 17).

par le milieu. Ses contours ne sont pas nets, mais discontinus, fractals, fragmentés, déchiquetés, pleins d'aspérités, de plis, de bifurcations. Autant de marques du silence qui l'entoure, le troue, le travaille de l'intérieur.

La question pourquoi écrire ? est une vaste question et suppose donc une multiplicité de réponses. Nous écrivons parce que nous voulons nous perdre, parce que, sous les projecteurs de la quotidienneté, la vie apparaît comme quelque chose de trop clair, de trop évident, sans mystère et sans opacité, donc d'insignifiant, avec ses cartes d'identité, ses questions politiques, ses obsessions économiques, ses innombrables faux problèmes, ou problèmes secondaires, qui occupent les devants de la scène.

Nous écrivons pour passer inaperçus, non pas en nous masquant, mais au contraire en nous démasquant, car ce sont les masques qui nous identifient, alors que le visage nu est un pur inconnu. Dans le train-train des images, de l'actualité, du monologue intérieur, nous nous déplaçons à l'intérieur d'une bulle qui est à la fois un rêve et un piège. Regret, nostalgie, espoir, frustration, culpabilité, envie, comparaison, etc., en un mot toute une panoplie d'affects négatifs de tristesse mènent le bal. Nous nous débattons en cet univers de songe comme s'il était réel et solide. Nous nous pinçons pour savoir si nous rêvons, et la sensation que nous éprouvons fait elle aussi partie du rêve. La réalité n'a que la consistance que lui accordent notre croyance et l'énergie avec laquelle nous l'investissons. Elle prospère de notre sueur, de notre labeur et de nos frissons. En écrivant, nous faisons un pas de côté, nous sortons de l'envoûtement du piège. Non pas que nous sortions de la caverne pour aller à la lumière, mais au contraire nous

quittons la trop grande clarté de la vie sociale, les
évidences et les certitudes de l'âme collective, les vérités
de la science et les convictions de l'idéologie pour, telle
une taupe, rentrer dans la terre et creuser des sentiers
secrets, nous perdre en des labyrinthes sans fin, aller de
l'autre côté du miroir et des apparences, séjourner dans
la réalité inassignable et innommable, où la vie n'est
plus affaire de comptabilité, où elle peut s'épanouir en
son propre mystère. Là où la surveillance et le contrôle
ne peuvent plus s'exercer. Là où seules les idées confuses
et obscures sont adéquates. Là où le corps physique,
biologique n'est pas pris au piège de sa propre image,
là où on ne ressemble à personne, et surtout pas à soi-
même.

Dans la vie qui se déroule en pleine lumière, du
moins sous celle de l'âme collective et des catégories
sociales, il y a d'abord l'image multiple qui sert d'étalon
à partir duquel la réalité est ensuite saisie et évaluée.
Je ressemble à mon image, je dois être à la hauteur de
mon image. Comme, sur un plan physique, je ne peux
que ressembler à mon portrait, l'image en quoi consiste
celui-ci devenant un modèle auquel se comparent ou
se mesurent mon corps et mon visage de chair et de
sang. Comme lorsqu'on reconnaît quelqu'un dont on
a d'abord vu l'image. N'est-ce d'ailleurs pas le drame
de toute personne connue et reconnue que son visage
soit devenu image ? Elle risque, dès lors, de devenir la
caricature d'elle-même ou d'être prise comme telle.

Mais qu'est l'image, sinon la réduction de l'être au
paraître, de la subjectivité vivante à un objet mort, un
fantasme incarné, essentiellement un être du passé ?

Dans le processus d'écrire, le corps invisible
reprend ses droits. Il ne ressemble à rien, il n'est précédé par rien, son être est son devenir, à savoir ce qu'il

découvre au fur et à mesure qu'il avance, son chemin est son cheminement. Alors que dans la vie de tous les jours nous nous sentons souvent contraints et emprisonnés, quand nous écrivons nous jouissons d'une liberté insoupçonnée et nous sentons légers. Alors que nous sommes manipulés, bousculés, harcelés dans la vie du travail et du loisir, dans le processus d'écrire nous participons de l'autocréation en quoi consiste Dieu ou la Nature. Alors qu'on tente de partout de nous mettre en boîte, en écrivant nous ne savons pas qui nous sommes, et écrivons même pour perdre la mémoire de ce que nous pensons ou prétendons savoir. Nous nous débarrassons de tous les vêtements accumulés que nous avons revêtus pour nous aider à vivre et nous tenir au chaud confortablement, mais qui ont fini par nous peser et nous empêcher d'avancer. Par l'écriture, nous retrouvons un peu la légèreté et la liberté de l'oiseau qui plane au-dessus de son ombre. Une fois dit que nous sommes à nous-mêmes notre pire ennemi, ou que la lutte avec l'ombre est la seule lutte réelle. Alors que dans la réalité dominante nous nous débattons souvent avec des fantômes de chair et de sang, c'est dans l'écriture que les combats décisifs se déroulent, loin du bruit et de la fureur des champs de bataille trop visibles.

On écrit pour défier la mort et ce que celle-ci comporte de clichés et de trop évidente clarté. Car les choses ne sont pas aussi claires que les religions, les philosophies et les sciences voudraient nous le faire croire, penser ou savoir. Une part d'elles échappe irrémédiablement à toute actualisation, à toute médiatisation, à toute explication… Et c'est cette part dont nous avons besoin pour vivre et que nous cherchons dans l'acte d'écrire. Nous avons besoin d'ombre, d'obscurité, d'inconnu, de mystère intrinsèque et terre à terre pour vivre, comme nous avons besoin de l'air invisible pour respirer.

Nous écrivons parce que nous ne savons pas parler. L'écriture est chargée, sinon d'exprimer, du moins d'indiquer tant bien que mal tout ce que, dans la vie, nous ne parvenons pas à dire. Souvent, nous bégayons, balbutions, bafouillons, sommes inarticulés, ou sommes empêchés par les circonstances, ou encore les lois d'un certain consensus, de certaines évidences admises ou reconnues. Nous devons ravaler ce que nous ressentons et plus encore, parce que nous le ravalons, nous ne parvenons pas à le ressentir. Car il faudrait lui donner la parole pour qu'il puisse éclore et se déployer, et nous donner la chance d'aller plus loin. Voilà que dans l'écriture, une chance nous est donnée d'avancer, d'ouvrir ou d'entrouvrir une porte. Pour désembourber la vie de tout ce qui l'enlise et la fait stagner. Pour lui montrer du doigt l'horizon quand elle se sent enfermée au fond d'un cachot. Pour la secouer quand elle est paralysée. Écrire, en fait, remplira plusieurs fonctions, à l'image des nombreuses facettes qui composent la personnalité humaine : laisser des traces d'une vie qui ne cesse de passer de l'apparition à la disparition ; créer un ordre au sein du chaos des événements et des émotions ; marquer de notre sceau ce qui est et arrive malgré nous ; faire une synthèse ou une unité d'éléments divers et dispersés...

En écrivant, l'homme fait le bilan de sa vie en même temps qu'il trace une ligne de fuite qui entraîne celle-ci plus loin. Il procède à partir de ses malaises, de ses impasses, de ses tensions, de ses questions et va de l'avant. C'est tout le trouble, le problématique, qui est emporté dans l'écriture et qui se déplace en elle. Ce n'est pas pour trouver une réponse à ses questions que l'homme écrit, mais pour les déplacer, les faire couler dans le flux de la création, comme tous les hommes et toutes les choses coulent dans le grand flux de la création divine ou naturelle. En ce sens, créer n'est rien d'autre que célébrer, comme le chantait Rilke, célébrer l'être ou le devenir. Cette célébration n'est pas passivité, car elle aussi fait partie de la création et donc, dans la célébration, se produisent des métamorphoses, l'apparition de nouveauté. Les problèmes ne sont pas résolus *dans* l'écriture, mais il faut plutôt dire que l'écriture *est* elle-même la solution. Plus généralement, ce n'est pas que l'homme trouve des réponses dans la création, mais la création est la réponse. Réponse temporaire, à reprendre constamment, car la création est une solution vivante, donc en acte, en train d'avoir lieu. La vie ne peut se reposer sur une création qui a eu lieu. Si elle a eu lieu, elle n'est plus une création, mais une retombée ou un produit de celle-ci. La création est comme le devenir, si elle n'est pas en cours, elle n'existe pas. D'où le fait qu'un créateur ne peut se satisfaire de ce qu'il a accompli, aussi grandiose cela fût-il, car la seule chose qui compte est la création en train de se faire. C'est en elle seulement qu'il y a vie.

Il y a dans l'écriture un double mouvement. D'une part, elle renvoie à des événements, des affects, des rapports de forces, des conflits qui se déroulent dans la vie quotidienne. L'écriture donne une forme à l'informe de la vie, tente d'effectuer une percée dans les impasses de la vie. Mais d'autre part, l'écriture crée en elle-même, en son parcours ou en sa production même, une réalité qui se suffit. Par exemple, un personnage de roman, même s'il est construit à partir de plusieurs individualités rencontrées par l'auteur au cours de sa vie, existe en lui-même et pour lui-même. Il possède une réalité qui lui est propre qui ne renvoie à rien d'extérieur. L'écriture crée une réalité *sui generis* qui s'ajoute aux réalités par lesquelles elle est mise en branle et inspirée. Dans tous les cas et quelle que soit la forme, il y a interaction entre le flux de l'écriture et celui des autres événements.

Pour proférer l'inouï, l'écrivain doit perdre le contrôle de ce qu'il fait, il doit lui-même ne pas comprendre complètement ce qu'il accomplit, perdre la mémoire des vérités constituées, s'abandonner à un mouvement qui l'emporte, avancer à l'aveuglette.

Peut-être la motivation profonde de l'écrivain est-elle de la nature du *conatus* spinoziste, l'effort pour se conserver, pour persévérer, non seulement quant à l'existence physique et physiologique mais aussi spirituelle, à savoir quant au sens. L'homme crée pour aménager physiquement le monde dans lequel il vit, mais également pour lui donner sens. Le sens est le produit d'une création, et plus profondément il est la création elle-même. L'homme tente de comprendre la logique de l'univers pour y voir un peu plus clair et se sentir dans un lieu qui soit comme une maison plus ou moins habitable et familière. Comme il dompte les animaux pour les approcher de sa propre nature. Il réinterprète ou reconstruit rétrospectivement le passé pour trouver dans la trame du temps une place sensée et justifiée. De cette façon, le foisonnant et le divergent sont transformés après coup en une voie cohérente, l'aléatoire et l'accident en une forme de nécessité. Lieu des discours mythiques, des rationalisations, des mises en forme, des explications, en un mot des diverses sortes de création. Une sélection ou un choix est fait parmi toutes les données afin de trouver une logique ou un sens qui puisse satisfaire l'esprit humain. Ses théories philosophiques, ses explications scientifiques, ses manifestations littéraires et artistiques, ses croyances religieuses, etc., sont des tentatives majestueuses et héroïques de donner sens à son existence. Il recherche le plaisir et, plus profondément, la joie, toujours dans la même visée, persévérer non seulement physiquement mais spirituellement. La joie est à elle-même son propre sens, sa propre justification, ou encore, elle est l'autojustification de la vie. Quant à la souffrance, il tente de la comprendre pour mieux l'accepter. Dans toutes ces tentatives, l'homme crée, y compris dans la connaissance, y compris dans la croyance. La création est la meilleure façon pour l'homme de persévérer. Comme l'affirme Nietzsche : « Créer, — voilà la grande délivrance de la souffrance, voilà ce qui rend la vie légère [13]. »

Laissée à elle-même, la psyché se trouve dans un état de frustration, de comparaison, d'envie, de nostalgie, d'espoir, etc. Elle est constamment tournée vers le passé ou le futur. Cependant, dans l'acte de création, le rapport de forces est inversé. Le passé et le futur se subordonnent au présent où se déroule le processus de création. Le passé est justifié d'avoir conduit à un tel présent. Tout le sens de l'existence s'actualise, ou plutôt la question du sens ne se pose plus. Dans la création, l'homme s'oublie lui-même, il participe d'un mouvement qui le dépasse et qui s'étend à l'infini du cosmique et à l'infinitésimal du microscopique.

---

13. F. Nietzsche, *Ainsi parlait Zarathoustra, op. cit.*, p. 108.

La logique de la vie n'est pas facile à saisir. L'homme veut contrôler sa vie comme il veut maîtriser son environnement, mais y arrive-t-il tant soit peu que le résultat n'est pas toujours bon pour lui. Inversement, est-il le jouet des événements que de nouveaux horizons peuvent s'ouvrir à lui et que les problèmes, insolubles tout à l'heure, peuvent perdre toute importance. Tous les efforts de l'homme ne donnent pas toujours les résultats escomptés, et inversement, c'est lorsque l'homme s'abandonne que la libération désirée peut se produire. L'homme n'a pas le choix, il doit s'abandonner à un courant plus fort que lui qui l'emporte il ne sait où. Tous les grands événements de l'existence impliquent un tel abandon, la naissance, l'amour, l'acte de création, la mort. L'homme cherche à contrôler, mais il ne le fait que de son point de vue limité. L'abandon se fait à l'illimité, qu'on l'appelle Dieu, la Nature, le mouvement de la matière ou de la vie.

En même temps — et tout cela doit être tenu ensemble —, on écrit pour le pur plaisir d'inventer. S'il y a une nécessité dans l'écriture au sens où celle-ci émane d'une interrogation vitale ou d'une poussée pour sortir de l'impasse, il y a, une fois le processus enclenché, une gratuité au sens où l'écriture est un don et un luxe, comme on le dit en général de l'œuvre d'art. Celle-ci n'est pas nécessaire au sens d'utile, elle ne satisfait pas un besoin comme celui de se nourrir, elle satisfait plutôt un désir de l'esprit, qui est celui d'aller au bout de ses potentialités, de chanter et de resplendir et pas seulement d'être à la remorque des besoins du corps organique, ou encore de se divertir. Elle élève l'existence à une dimension plus élevée, notamment celle de la beauté. Écrire est comparable à la joie : une activité inutile et essentielle, une pure dépense qui enrichit. Écrire pour écrire, comme Aristote disait : Connaître pour connaître. Comme nous faisons tous, sans nécessairement le dire : Vivre pour vivre. Écrire est une belle exubérance, une glorieuse prolifération, une joie magnifique, même si l'écriture émane souvent de l'impasse, de la souffrance, d'une question impossible. Une fois mise en branle, elle oublie sa naissance et vole de ses propres ailes, comme fait d'ailleurs le vivant, marchant pour le plaisir de marcher sur des chemins qui ne mènent nulle part, ou qui, après avoir parcouru et exploré la terre, reviennent à leur point de départ.

On voudrait par l'écriture ouvrir de nouvelles portes, laisser libre cours à ce qui est contenu en nous et qui ne s'exprime pas, sortir complètement des sentiers battus, cesser de nous retenir, abandonner les habitudes qui nous encerclent et nous enferment, dire le non-dit, à savoir dire l'intolérable, tout cet intolérable qui clame silencieusement en nous et qui nous étouffe. Ce non-dit n'est pas un secret. Ce sont les humiliations, les échecs, les impasses, les blessures non cicatrisées, les questions sans réponse, les révoltes qui ne peuvent se matérialiser, les aléas de l'existence, les multiples injustices qui passent inaperçues, les souffrances contre lesquelles on ne peut rien, c'est l'irréversibilité du temps, la vie qui ne tient qu'à un fil, la mort énigmatique. C'est tout l'ordre absurde qui n'est jamais questionné, l'arbitraire des décisions qui instaurent le bien et le mal. Ce sont les frustrations qui nous font crier à l'injustice, alors même que l'injustice incarnée est idolâtrée par tous les bien-pensants rassemblés. C'est la superficialité qui fait que l'on oublie et que l'on passe à autre chose, laissant les crimes impunis. C'est le pouvoir accaparé par la force et qui s'institue en juge au-dessus de la mêlée... Le non-dit est tout le refoulé, ce

qu'on vit comme si cela allait de soi, ce qu'on accepte,
les compromis que l'on fait, le passé que l'on efface, les
affects que l'on travestit. C'est toute la fausseté qui nous
permet de vivre comme si de rien n'était. Dire le non-
dit, c'est justement faire éclater la vérité, déplaire à tous
ceux qui ont intérêt à l'hypocrisie généralisée, c'est
cesser de respecter les règles du jeu qui font que les
choses ne changent pas. C'est se libérer, enjamber
les obstacles qui nous empêchent de vivre, déchirer
le voile qui nous déforme et nous étouffe. C'est laisser
s'exprimer la haine sous l'amour obligé, et sous la haine,
permettre à une nouvelle sérénité de prendre corps.
N'est-ce pas le sens même du projet d'écrire ? Ouvrir
les vannes, détruire la fausseté ambiante, déterrer la
vérité qui se meurt et la ressusciter, la faire briller de
tous ses feux, et d'autant plus fortement qu'on a longtemps essayé de l'étouffer et qu'on l'a effectivement
tenue pour morte et enterrée.

L'écrivain met en avant la vérité improbable, la
plus faible au point de départ, celle qui a contre elle le
consensus et la bonne conscience. Belle revanche de
l'art, cette vérité profondément individuelle au sens où
elle est la création d'une individualité artiste survit
à la soi-disant vérité collective et objective, à savoir
celle des dates et des faits apparents ou visibles. Car
la réalité n'est pas ce qu'un appareil photographique
nous en montre, mais ce qui se brasse en silence au fond
de la psyché. Et l'art de la grande photographie, celle,
entre autres, d'Alfred Stieglitz, de Walker Evans, de
W. Eugene Smith, consistera précisément en cette
tension entre l'apparence visible et l'affect invisible qui
déborde l'image ou la représentation. L'objet de l'art
est l'événement qui échappe à tout état de choses ou à
tout fait. La réalité, ce ne sont pas les faits, mais

comment ceux-ci sont ressentis; et le ressenti est toujours de l'ordre de l'indicible et de l'inexprimable, car là aussi l'affect est un événement qui déborde toute émotion comme fait accompli ou état de choses. La réalité, ce n'est pas la version qu'en donnent rétrospectivement les vainqueurs, mais ce qui est ressenti silencieusement par tous les sacrifiés de l'histoire. Ce sont les gestes et les actes qui excluent et tuent, et qui sont aussitôt effacés, pour la plus grande gloire de ceux qui les ont perpétrés.

La réalité, ce n'est pas ce qui subsiste dans la mémoire, car on sait combien celle-ci est habilement sélective. C'est l'immémorial de la mémoire, ce qui ne peut revenir qu'à la condition d'être reconstruit, la réalité qui ne peut apparaître que par l'entremise d'une fiction. C'est ce qui déborde la sensation, l'émotion, la perception, l'imagination, la pensée. Ce qui déborde toute incarnation ou actualisation dans des faits. Ce d'ailleurs pourquoi on l'appelle insupportable, intolérable ou invivable. Alors même que la réalité officielle est par définition disponible et sous la main, la réalité du non-dit ne se donne que par la création. Elle est hors norme, hors cadre, hors la loi. Les mots sont faits pour la connaissance et la reconnaissance, et ne conviennent pas pour ce qui se cache dans l'affect indicible. Les mots baignent dans les médias, et les médias dans les mots, car ils se conviennent mutuellement. Tout au plus peut-on *décrire* les faits extérieurs, mais l'essentiel, le noyau vivant échappe nécessairement, se tenant par définition en dehors de toute expression. Ainsi tous les propos tenus sur le génocide des juifs par les nazis ne peuvent toucher le noyau, c'est-à-dire la destruction dans la souffrance, la douleur et la mort de tant de vies. Il faut tout de même faire l'effort de dire la réalité, trouver les mots inédits pour proférer l'inouï, inventer le style qui puisse indiquer ou convoyer l'absence. Une part de ce non-dit reste irréductiblement et positivement indicible. C'est une des raisons pour lesquelles elle a été délaissée et a échappé au discours. Elle fait violence à celui-ci, se dérobe à ses catégories aménagées et aux opinions enregistrées, le brise.

Comment dire l'injustice, la folie, la souffrance, la révolte, la frustration, l'impasse, l'impuissance, l'échec, la perte, la mort ? Comment dire ce qui se trame en silence derrière toutes les paroles prononcées ou même simplement pensées ? Comment dire le monologue ou le murmure intérieur qui constitue la psyché en acte et en mouvement ? Comment dire l'affect qui explose en silence derrière la norme et la normalité ? Comment dire l'abject qui gît derrière les propos convenus ? Comment dire la révolte enfouie sous la résignation ? Comment tirer un remède du poison même ? Comment enclencher le processus de cicatrisation à partir de la blessure même ? Comment faire un chant à même le cri ?

Nous aimerions tenir un propos qui casse la baraque, qui casse les oreilles, qui casse les cerveaux. De sorte qu'on soit confronté à quelque chose d'absolument insupportable, qui soit comme l'éclatement d'une vérité longtemps tenue sous le boisseau, ignorée de l'univers et dont l'éclat détruirait tous les édifices aménagés pour le confort et la bonne conscience. Pour parler comme Nietzsche, que l'écriture soit « comme un terrifiant explosif qui met le monde entier en péril [14] » ! Et pourtant, en dépit de la violence du désir, on ne peut ouvrir la porte d'un seul coup, il faut la limer

---

14. F. Nietzsche, *Ecce homo*, *op. cit.*, p. 89.

avec patience et lentement, car nous ne savons pas s'il s'agit de la bonne porte, nous sommes dans le couloir et nous essayons les serrures, nous en forçons une, et en passant d'une porte à l'autre déjà s'amorce le travail de création. Tel est de manière exemplaire le style de Henry James : avancer à peine, bifurquer, tournoyer, effleurer, limer lentement à la poursuite d'une vérité qui devient plus obscure à mesure qu'on l'éclaire, cacher par transparence. L'écrivain est celui qui est à la poursuite perpétuelle de son style, qui sera le plus au diapason de ce qu'il y a à dire. Ce qu'il y a à dire est le plus simple, le plus concret, le plus immédiat. Mais c'est pour cette raison qu'il faut tant de détours pour l'atteindre. Parce que nous sommes dedans, nous ne le voyons pas et ne pouvons pas le dire. Comment pourrait-on le voir et le dire puisqu'il dirige notre regard et nous fait parler, qu'il nous propulse d'emblée hors de lui ?

C'est en tournant en une courbe spiralée autour de ce noyau qui se dérobe que l'on écrit. On passe d'un sujet à l'autre, d'un territoire à l'autre, d'un médiateur à l'autre, toujours insatisfait du chemin parcouru, toujours à la poursuite de l'essentiel, toujours dans l'excitation d'ouvrir enfin les vannes qui libèrent la tempête, d'enlever les bandelettes qui cachent la momie. Peut-être fait-on l'expérience relatée par Melville dans son roman *Pierre ou les ambiguïtés* ? Peut-être sommes-nous à la poursuite d'une chimère et qu'au cœur de ce que nous cherchons à dire il n'y a personne, il n'y a rien ? On a beau dire, on a beau écrire, il y a toujours à dire et à écrire, car le noyau n'est jamais atteint, et ne peut l'être, car là où il se trouve il n'y a justement plus rien à dire ou à écrire, non pas qu'il soit le secret ou la vérité de l'écriture, mais il s'agit

peut-être d'«un vide immense et terrifiant», pour
parler comme Melville. Quoi qu'il en soit, c'est tout ce
qui peut s'écrire entre-temps qui importe, comme c'est
ce qui se passe entre-temps qui constitue la vie même.
Et toute l'écriture se déroule dans cette torsion vers
ce que l'on cherche, dans cette tension entre ce que l'on
sent et ce que l'on peut.

Ce n'est pas seulement la vie dans ses grands
principes philosophiques que chante l'écriture, mais la
vie en ses aspects les plus concrets, les plus apparemment insignifiants, tel événement passé inaperçu,
tel souvenir minime remontant du fond du temps, telle
odeur, telle couleur, une saison, une nuance d'atmosphère, une texture de l'air, une rue, une ville, un
moment de la journée, un endroit et un moment où
nous sentons ceci ou cela, etc. Que font la poésie, le
roman, la nouvelle, sinon mettre en avant tous ces
petits riens de la vie ? Petits riens eu égard à des critères
extérieurs, mais en eux-mêmes constituant l'essence et
le sens de l'existence. Le sens de l'existence comme état
d'esprit, manière d'être, et non comme une idée dans
l'esprit, une philosophie de l'être. Comme le proclame
Nietzsche, ce ne sont pas les grands événements
bruyants qui sont réellement importants, mais les
heures les plus silencieuses, qui nous viennent sur des
pattes de colombe [15]. Ce sont les petits riens qui font
tout le charme et la joie de la vie : telle rencontre de
hasard, telle lumière du ciel, une promenade, un
moment passé avec un être cher, un toucher, tout ce
qui est laissé pour compte du point de vue des valeurs

---

15. F. Nietzsche, *Ainsi parlait Zarathoustra*, *op. cit.*, p. 160
et 178.

de la réalité dominante, tout ce qu'on tient comme allant de soi et qui est en réalité un miracle et une grâce, comme nous le sentons si fortement lorsque nous sommes menacés d'en être privés. Nous sommes ainsi faits, en effet, que trop souvent nous n'apprécions vraiment ce qui est, dans toute sa modestie et sa gratuité, qu'au moment où il risque de disparaître, ou pis encore, que lorsqu'il n'est plus. La littérature va à contre-courant de la hiérarchie dominante et la renverse. D'où la profonde complicité que nous entretenons avec elle dans nos moments de recueillement et de silence où les événements bruyants se retirent pour laisser place à ce qui est laissé pour compte. La peinture ne fait pas autrement en accordant une consistance, une durée, une espèce d'intemporalité à l'événement quelconque, imprévu, évanescent, grâce à la ligne, la couleur et la composition. Tout évanescent qu'il soit, *parce qu'*évanescent, l'événement ou l'instant contient en lui le sens et l'essence immanents de l'existence.

Quelque chose d'apparemment aussi insignifiant qu'un nombril est émouvant parce qu'il est la marque, en son centre même, de la fondamentale fragilité de l'homme, de son lien, non pas tellement avec la mère, mais avec la terre. L'homme vient de la terre, de la boue, de la poussière. Il continue le grand flux de vie sans commencement ni fin. Il ne s'appartient pas, ne se contrôle pas mais vient d'ailleurs, est projeté d'ailleurs dans l'existence. Son corps et son esprit lui sont donnés par la Nature et par l'histoire. Ses yeux, ses mains, ses pieds, son cœur, son foie, son estomac, ses poumons lui sont donnés. Les capacités qui lui sont les plus propres, telles la perception, l'affectivité, la conscience, la pensée, la parole, la raison, la liberté, il ne se les est pas données, mais les a reçues. Même son moi, il l'a reçu. Moi s'impose à moi, est constitué du dehors, par le corps, par le langage, par la société, etc. L'adulte vient de l'enfant, qui vient de l'embryon. L'intelligence consciente de l'adulte prend le relais de l'intelligence inconsciente qu'est l'embryon. Tout ce qui est actif en l'homme s'appuie sur une fondamentale passivité ou passion. Il n'est pas libre d'être libre! Sa raison provient d'une pulsion! Ce qu'il fait et invente, que ce soit dans l'art ou la technique, le dépasse, précisément parce que cette tendance à créer est plus forte que lui. La manière même qu'il a de créer échappe à son contrôle. Elle s'inscrit dans une histoire dont il n'a pas le contrôle et dont la logique lui échappe. Il est le jouet de forces sociales, biologiques, psychiques qu'il doit chevaucher s'il veut profiter du mystère de leurs courants. Il est comme emporté par un grand vent qui souffle où il veut. Quoi que l'homme puisse accomplir, lui-même s'inscrit dans une Nature qui le fait naître et le propulse en avant. Il a beau faire le fort, il porte en lui, toute sa vie, la marque indélébile de son lien avec d'autres chaînons eux aussi reliés à la trame commune qui pousse et s'étend comme un rhizome. Il remarque lui-même peu cette empreinte qui le lie à tous les autres. Au centre de chaque ego, se trouve ce signe impersonnel et «insignifiant». Le nombril nous rend humbles et modestes, en même temps qu'il est le signe de notre fraternité et sororité. Nous avons tous la même mère, la terre, et tous les autres éléments, le feu, l'air, l'eau, sont nos parents. Nous pourrions dire de même des pieds et des orteils. Eux aussi sont des leçons vivantes d'humilité. Ils passent inaperçus, sont sans prétention, sont le plus souvent cachés. Leur forme fine, souple, subtile épouse celle de la terre. Elle aussi est oubliée, négligée, alors même qu'elle porte et soutient, comme les pieds. Ceux-ci sont comme le cordon ombilical qui nous relie à elle. Ils sont étranges et sans défense, beaucoup plus sans défense que le visage, quoi qu'en pense Levinas.

Le visage en effet est maquillé, travaillé, composé, refait et surfait, en représentation la plupart du temps. Il est exploité comme une marchandise, incarne la gloire et provoque l'envie, manipule le désir, sert de guide à l'humanité subjuguée, est l'étendard de l'identité personnelle et du statut social. Aujourd'hui, à cause des médias, le visage est devenu image, il est paradoxalement la partie la moins vivante du corps, la plus contrôlée, la plus trafiquée. Il donne tous les signes du pouvoir moderne exercé sur le corps, pouvoir de séduction plus que de répression. Le visage incarne l'ego ou, pour parler comme Foucault, le sujet assujetti, alors que le pied manifeste le grand flux inventif de la vie impersonnelle. Il est diurne, symbole de l'idée transcendante platonicienne ou de l'idée claire et distincte cartésienne, lieu de la connaissance et de la maîtrise, alors que le pied est, comme la terre, nocturne. Alors que le visage aspire à une espèce d'idéal de perfection, celui-ci dût-il être défini par la mode changeante, le pied est constitutivement imparfait : le petit orteil, notamment, est une réfutation vivante de tous les idéaux, de tous les canons et de toutes les normes. En même temps que le visage est un idéal et un objet sacré, comme l'a bien exposé Levinas, il est un objet privilégié de profanation : la volupté, telle que l'a définie Baudelaire et, à sa suite, Bataille, ne consiste-t-elle pas à rabaisser ce qui s'élève[16] ?

---

16. Il y a toute une tradition française du jeu ou de la dialectique de l'interdit et de la transgression. Nommons quelques

Dans quel ciel intelligible trône l'Idée du petit orteil,
aurions-nous le goût de demander à Platon ? Peut-être
à côté de celle du poil, de la crasse, de la poussière ou
de la boue ? La poussière, cependant, ne finit-elle pas
par recouvrir la plus belle et bonne idée d'une couche
de plus en plus opaque, au point de la rendre, littéralement, méconnaissable ? Le visage est naturellement
platonicien, il a la prétention de figurer l'âme, d'être
comme un soleil — le soleil n'est-il pas lui-même une
sorte de visage ? —, alors que le pied est nietzschéen,
il est « corps de part en part, et rien hors cela [17] ». Le
visage est devenu un cliché alors que le pied garde son
mystère. Le pied nous met directement et silencieusement en contact avec le mystère de l'« il y a » : en deçà
du langage et de la pensée, il est précompréhension du
monde, complicité avec le monde, fragment du monde.
Le talon, notamment, est tourné silencieusement vers
l'obscurité de la terre, insensible et invisible aux rayons
de la raison [18]. Il est à lui tout seul une magnifique
synthèse de finesse et de simplicité, de délicatesse et

---

jalons de cette tradition : Sade, Baudelaire, Bataille, Sollers… Il
s'agit d'un jeu piégé. Comme pour toute dialectique, il n'y a pas
de réelle alternative, on demeure enfermé dans l'enfer du même
au moment même où on pose le geste de s'en affranchir. La
transgression, en effet, confirme l'interdit au moment où elle le
viole. Mieux encore, en le violant, elle le reconnaît, voire l'érige.

17. F. Nietzsche, *Ainsi parlait Zarathoustra, op. cit.*, p. 48.
Nietzsche ajoute : « Et l'âme ce n'est qu'un mot pour quelque chose
qui appartient au corps. »

18. « Il en va de l'homme comme de l'arbre. Plus il veut
s'élever vers les hauteurs et la clarté, plus ses racines plongent dans
la terre, vers le bas, dans les ténèbres et les profondeurs » (*ibid.*,
p. 57). La tête sera portée d'autant plus haute que le talon sera
solidement établi sur le sol. L'œuvre sera d'autant plus forte et
majestueuse qu'elle s'enracinera profondément dans l'affect de
faiblesse et d'angoisse, d'autant plus lumineuse qu'elle surgira de
l'obscurité comme de sa source vive.

de solidité, de fragilité et de force. Même le talon d'Achille, tout vulnérable qu'il soit, porte le corps, les muscles, le squelette, la tête et, par le fait même, tous les exploits du héros. Le visage, quant à lui, essaie de s'élever au-dessus du monde, comme pour le dominer fantasmatiquement. Un dictateur n'aspire-t-il pas dans son délire à s'imposer aux éléments eux-mêmes et à faire flotter sur l'univers l'étendard de son portrait ? Le pied de son côté est effacé. Il a beau ne pas penser, ou mal penser, il est souvent plus intelligent en action, d'une intelligence modeste, naturelle et inconsciente, que le visage ne l'est en opinion et en prétention. L'intelligence du corps en effet est infiniment plus vaste que la soi-disant intelligence de la raison ou de l'âme : celle-ci n'est qu'une partie de celle-là. Contrairement au visage, le pied ne pose pas mais se pose, porte et emporte. Il est subtil et délicat, mais d'une délicatesse impersonnelle. On comprend que la liste de ces petites merveilles pourrait être longue. Mentionnons en passant le genou, subtile mécanique, bien que sans prétention, et qui est à lui seul un magnifique résumé de tout le corps.

Que penser des fabuleuses parties du corps intérieur, tel qu'exploré par le cinéaste canadien David Cronenberg, qui n'ont même pas besoin de la conscience et de l'ego pour fonctionner ou se comporter, qui obéissent à une intelligence immanente plus vaste que celle de la raison ? Terminons enfin par le crâne ou la tête. C'est extraordinaire combien nous accordons de l'importance à la pensée ou à l'esprit, et tellement peu au crâne ou à la tête ! Comme si l'un n'avait rien à voir avec l'autre. Le crâne, comme le nombril, comme le pied et le genou, est lui aussi humble et en retrait, caché derrière la broussaille des cheveux, forme ovoïde de dimension restreinte, sans signification a priori, littéralement perdu dans la Nature, moins qu'un grain de sable dans l'univers pour parler comme Pascal. Et pourtant, cette forme et cette matière indiscernables ne sont-elles pas le lieu et l'incarnation même de la personne et de la personnalité, de son unicité et exclusivité, de son esprit ou de son âme? Combien sa texture est étrange, son caractère solide et compact fait contraste avec le flou, le mou ou l'insaisissable, l'impondérable, le vaporeux, l'indéfini et l'infini de la pensée! Combien il apparaît vulnérable, destructible et mortel en regard de l'immortalité de l'âme! Le visage n'est qu'humain, alors que la tête est cosmique. L'invocation du visage a toujours quelque chose d'anthropocentrique, avec ce que cela peut comporter d'arrogance et de suffisance, donc de mesquin et d'étriqué. La tête est celle que nous partageons avec tous les animaux. Dans la mesure où elle contient, en son espace restreint, le cerveau en lequel convergent tous les nerfs, elle résume tout le mystère de l'être. Elle est la résolution en acte du mystère, insoluble pour l'homme, de l'union du corps et de l'esprit [19].

---

19. Giacometti a bien senti toute l'étrangeté et la merveille d'une tête: «Jamais je n'arriverai à mettre dans un portrait toute la force qu'il y a dans une tête» (cité dans C. Juliet, *Giacometti*, Paris, POL, 1995, p. 63). C'est une telle force extraordinaire qui permet à l'homme et à l'animal, par ailleurs si fragiles et si faibles, de se tenir debout. Giacometti affirme aussi: «Pour moi, la merveille, le mystère, c'est justement le visage de l'individu» (p. 81). Mais alors que Levinas tire le visage du côté de l'esprit, c'est-à-dire demeure prisonnier de l'anthropocentrisme, Giacometti le tire du côté de la tête, à savoir de la matière et de la vie communes aux hommes et aux animaux. D'ailleurs, ne réussit-il pas un magnifique autoportrait dans la sculpture d'un chien étique, famélique, aux pattes flageolantes, mais toujours debout et en marche (p. 71-72)?

De façon générale, n'est-ce pas là le défaut des philosophies qui mettent en avant le visage, le regard, l'esprit, que de placer l'homme plus ou moins au centre du monde, de lui conférer un statut à part ? Mais l'homme ne fait pas exception. Les animaux, les plantes et les choses sont dotés de la même dignité, du même caractère foncièrement énigmatique. Si l'homme déborde de toutes parts le nom qu'on lui donne, il en est de même de la plante et de la pierre. Tous les êtres de la Nature échappent à toute saisie, à toute définition ; tous participent de l'infini cosmique. Les arts plastiques, au premier chef la peinture et la sculpture, arts eux aussi humbles et sans prétention, rendent hommage à ces réalités laissées pour compte. Elles confèrent une monumentalité à ce qui, en lui-même, passe inaperçu, une espèce d'éternité à ce qui est rongé par la mort, une puissance à ce qui est fragile et vulnérable, une unité à ce qui est fragmenté et dispersé.

L'écriture pointe du doigt ce qui la dépasse. Elle n'est qu'un moment de la vie, même si ce moment est particulièrement intense. La vie continue en dehors de l'écriture. Qui plus est, arrive un moment où l'écrivain cesse d'écrire, n'a plus le goût d'écrire, n'en a plus l'énergie, ou n'a plus rien à dire. Que se passe-t-il alors dans la vie ? Peut-être la vie n'a-t-elle pas besoin de l'écriture, celle-ci étant un luxe, une puissance supplémentaire que l'homme perd comme il perd d'autres facultés ou puissances ? Comment se déroule la vie laissée à elle-même, dans le silence et la solitude d'elle-même, réduite aux impressions, aux sensations, aux perceptions, aux émotions, aux pensées ? C'est là que l'art d'écrire devient plus profondément un art de vivre. On sait que celui-ci n'a pas besoin d'une expression extrinsèque, celle par exemple d'une écriture. C'est un art qui s'exerce à vif, à même la matière vivante, changeante et périssable. Art subtil entre tous, art vivant par excellence, création perpétuelle qui ne retombe jamais en produit ou objet créé, qui ne laisse pas de traces, sinon elles aussi impalpables. Certes, l'homme n'a pas le choix. Comme l'a vu Nietzsche, il est un créateur, en cela au diapason du cosmos entier. Il crée une multitude d'objets, de machines, d'explications scientifiques, d'interprétations philosophiques, d'œuvres d'imagination, etc.

Mais, la plus belle création est celle qu'il entreprend de sa propre existence. Là aussi, au cœur de sa vie, il n'a pas le choix, il crée. Mais il peut créer sans le vouloir, en subissant et maudissant, ou il peut assumer sa condition de créateur et en faire, au-delà de tous les autres arts particuliers, celui qu'il exercera le mieux, y compris à travers les échecs, les drames et les tragédies. Non pas un art flamboyant, non pas un art de carnaval ou de mascarade, mais un art de la sobriété, de l'effacement de soi pour laisser d'autant plus apparaître la réalité dans toute sa splendeur. L'art de passer inaperçu, l'art d'être monsieur et madame Tout-le-monde, d'être un simple vivant, un simple humain du mieux que l'on peut. L'art de vivre est naturellement humble. Car il consiste, pour l'essentiel, en une sorte de retrait du bruit et de la fureur du monde. Il n'apporte ni gloire ni renommée. Il ne consiste pas à prendre de la place, à laisser des traces visibles. Il est aussi un art en ce sens : être capable de ne pas correspondre aux critères de réussite tels qu'établis par le monde, donc accepter d'échouer en regard de ceux-ci. Accepter de n'être rien. C'est ainsi que les plus grands vivants ne sont pas connus, précisément parce qu'il sont grands d'être

capables de passer inaperçus. Non pas que passer inaperçu soit le critère, mais il fait nécessairement partie
des conditions d'une vie qui choisit l'authenticité à
l'encontre de toutes les singeries et clowneries inséparables de la place publique.

L'art de vivre en effet tend vers la vérité telle qu'elle
est, même si elle déplaît, ce qui implique un refus des
hypocrisies, des faussetés et des mensonges constitutifs
de la scène publique ou médiatique. Tel est peut-être
un des plus grands paradoxes de l'existence humaine
que les plus grands soient inconnus et laissent finalement peu de traces, alors qu'au contraire les soi-disant
maîtres ou guides, ceux qui marquent fortement l'humanité, soient, comme l'a souligné Nietzsche, des
imposteurs, des faussaires, des escrocs, des comédiens,
des vindicatifs, des grégaires, des «décadents». Non
pas que les plus grands soient incapables de laisser
des marques profondes sur l'humanité. Ils s'en abstien-
nent délibérément, car ils ne sont pas prêts à en payer
le prix. Pour laisser des marques, en effet, il faut se
faire le comédien ou le singe de soi-même, il faut «se
vendre» d'une manière ou d'une autre. La loi du
monde est celle du marketing généralisé, quel que soit
le domaine. «Dans le monde, les choses les meilleures
ne valent rien sans quelqu'un pour les mettre en scène:
le peuple appelle ces metteurs en scène: de grands
hommes [20].» Si l'on veut comme fin la reconnaissance,
il faut vouloir les moyens. Mais dès lors, de deux choses
l'une: ou bien la gloire — mieux vaudrait dire la gloriole, tellement, sur la scène publique et médiatique,

---

20. F. Nietzsche, *Ainsi parlait Zarathoustra*, *op. cit.*, p. 69.
«C'est autour des inventeurs de valeurs nouvelles que tourne le
monde, — il tourne de façon invisible. Mais la foule et la gloire
tournent autour des comédiens: tel est le cours du monde.»

tout est superficiel et volatil [21] — se rapporte à une forme supérieure de médiocrité, ou bien elle tourne autour d'un malentendu. Pour devenir populaire en effet, l'œuvre doit être interprétée selon les critères de la reconnaissance, si bien que celle-ci, au bout du compte, ne fait que se reconnaître elle-même et qu'elle ignore nécessairement ce qui est autre et étranger, à savoir réellement nouveau et révolutionnaire. Elle ne peut qu'ignorer ce qui a une réelle valeur, puisque celui-ci a pour caractéristique de remettre en question tous les critères établis, notamment ceux qui président à la reconnaissance. Les médias sont dangereux, car ils se présentent comme la voie obligée. Ils induisent donc une terrible déformation; les artistes finissent par créer selon des lois implicites qui sont celles-là mêmes des médias. N'est-ce pas ce qui explique la plus grande partie de la « production » américaine ? C'est la version moderne de la vieille réalité : « Vendre son âme au diable. » Nous ne soupçonnons pas à quel degré ce qu'il est convenu d'appeler « littérature » en est affecté. Les œuvres sont écrites en fonction du compte rendu qui en est fait. Le compte rendu, ou le discours médiatique sur l'œuvre, passe au premier plan et éclipse celle-ci. Le créateur doit se faire le plus possible insignifiant, au sens littéral du terme ; d'ailleurs, l'œuvre n'est jamais qu'un prétexte pour continuer à ressasser les mêmes

---

21. Qu'est-ce que la gloriole, sinon la gloire sans âme et sans lendemain, telle qu'offerte, serait-ce sur un plateau d'argent, à savoir d'espèces sonnantes et trébuchantes, par les médias ? Une gloriole qui équivaut, une fois décryptée, en une autoglorification des humbles, selon la belle expression de D. H. Lawrence, ou, selon la manière plus rude de parler de Nietzsche, en une autosatisfaction des médiocres. Notre monde croupit sous cette autosatisfaction. L'autosatisfaction d'une vie écrasée sous les objets, aveuglée par le visible, pour qui la réalité ultime est l'économie.

histoires, celles dont l'âme collective ou populaire se repaît et se gave, petits sujets d'actualité ou, mieux encore, de divertissement, qui ne risquent pas de déranger. Telle est la base éphémère sur laquelle sont construites les réputations du monde. Peut-être est-il plus difficile aujourd'hui d'être profond ? Peut-être sommes-nous dans une mauvaise période de l'histoire humaine ? Quoi qu'il en soit, nous n'avons pas le choix. Nous sommes fils et filles de notre époque. C'est en celle-ci qu'il nous faut être intempestifs, inactuels, à savoir, comme le formule Nietzsche, « agir contre le temps, donc sur le temps, et, espérons-le, au bénéfice d'un temps à venir [22] ». C'est avec les moyens du bord, dans les mauvaises conditions qui sont nôtres, qu'il nous faut créer. Non pas en fuyant à tout prix les médias — ce qui serait chercher à nier l'époque et qui devrait, cela aussi, se payer effectivement d'un certain prix —, mais en étant d'une grande prudence à leur endroit. En établissant des stratégies qui nous permettent de garder intacte la « petite flamme de vie vraie », pour parler comme D. H. Lawrence.

L'essentiel se passe dans l'ombre et dans la solitude, loin de la place publique des médias. Les médias n'offrent qu'une caricature de ce qui se trame dans l'ombre. Il ne faut pas que la création se calque sur les médias. Elle devient la caricature d'elle-même. Les médias ne peuvent qu'entretenir un malentendu. Car l'œuvre d'art, ce qui fait son sens, est de l'ordre de l'incommunicable. Tout au plus pointe-t-elle du doigt l'incommunicable qui échappe, par définition, à tous

---

22. F. Nietzsche, *Considérations inactuelles*, I et II, dans *Œuvres philosophiques complètes*, traduit par P. Rusch, Paris, Gallimard, 1990, p. 94.

les médias. Comment ceux-ci pourraient-ils, ensuite, rendre compte adéquatement de l'œuvre d'art ? Ils ne peuvent que la déformer, que la caricaturer, qu'offrir d'elle un double exsangue. Au-delà des médias, l'œuvre d'art mène sa propre affaire, qui est de déjouer toutes les règles du jeu, d'indiquer le non-dit et l'indicible, de mettre en avant le laissé-pour-compte, l'inactuel, l'intempestif, ce que les médias, de par leur rôle même, ne peuvent que négliger et ignorer.

Chapitre 3

CHANGEMENT

La vie est brutale. Mais nous sommes aussi brutaux avec la vie. Nous l'enfermons nous-mêmes dans le non-sens, alors même qu'elle nous prodigue ses dons à pleines mains. Nous lui reprochons de nous tuer, mais combien, de nous-mêmes, alors que rien ne nous y oblige, ne menons-nous pas une existence de morts-vivants ? Paradoxalement, la vie, en nous violentant, en nous montrant clairement qu'elle est un don qui peut nous être à tout moment retiré, nous secoue et nous force à «laisser tomber toutes les mesquineries courantes des hommes qui vivent leur vie comme si la mort n'allait jamais les toucher[1]». L'épreuve rend hypersensible. L'homme marche sur une corde raide. Il marche d'autant mieux ou d'autant plus dignement qu'il est plus conscient de la fragilité de sa position.

---

1. C. Castaneda, *Le voyage à Ixtlan*, traduit par M. Kahn, Paris, Gallimard, «Témoins», 1974, p. 44.

Donc, même dans l'épreuve, la vie continue à nous donner. Puisque tout est fragile et que rien ne va de soi, nous apprécions d'autant plus, comme si c'était des miracles, les petits riens de la vie. Dans tous les cas, il faut avoir la générosité de recevoir et d'être à la hauteur du don qui nous est fait. Peut-être sommes-nous forcés de vivre superficiellement, compte tenu de ce que nous sommes, c'est-à-dire de la structure de nos sens et de notre cerveau; de nos instincts, de nos besoins et de nos désirs, y compris celui de «persévérer dans l'existence», pour parler encore comme Spinoza; de notre fuite de la douleur et de notre poursuite du plaisir. Toute la société en tant qu'extériorité, sur le plan de la politique, de l'information et de la communication, est l'expression d'une telle superficialité sans doute nécessaire. Mais la vie, dans notre existence privée, vient nous gifler et nous force à nous approfondir malgré nous, à remettre en question tout ce qui allait de soi. Elle nous déracine et nous projette comme feuilles au vent.

Alors que nous dépensions nos énergies à résister aux petits inconvénients, que nous surinvestissions les multiples petites frustrations, nous sommes forcés d'épouser les courants et les coups de vent de la vie, de nous ouvrir à sa force plus grande que notre individualité. Nous sommes obligés d'abandonner une partie de notre ego, puisque, aussi bien, celui-ci est ébranlé en ses fondements. Les mesquineries de la vie courante ont moins d'emprise sur nous. Même dans l'épreuve et le malheur, la vie se montre bonne pour nous. Puisque nous ne pouvions apprendre par nous-mêmes, nous sommes mis à la rude école. Nous apprenons à même nos plaies. Il s'agit d'une terrible souffrance, voire d'une agonie, comme dans le travail de deuil, mais il faut que le vieil homme meure pour donner naissance au nouvel homme, il faut que la vieille carapace soit réduite en pièces pour qu'un nouveau corps puisse ressusciter. Nous nous ouvrons, nous qui avions tendance à nous refermer comme une huître. L'épreuve nous lave, nous dénude avec violence, et nous force à nous abandonner. L'écriture contribue à cette ouverture. Elle aussi peut nous aider à pousser enfin les cris ou à déverser les larmes trop longtemps retenus. Ici encore, elle peut nous aider à faire quelque chose de positif de tout ce négatif. Mais même dans la vie, ce négatif apporte aussi du positif, en nous ouvrant, en nous faisant aller à l'essentiel, en nous rendant plus sensibles à la condition humaine en sa diversité, en nous faisant identifier les vraies valeurs qui concernent toujours la qualité de notre rapport aux autres ainsi qu'avec le reste de la Nature, rapports faits de compréhension, de compassion, de solidarité et d'amour.

Une grande épreuve nous force à court-circuiter beaucoup de faux problèmes et épure donc la vie. Elle brise les carapaces qui nous protègent et nous étouffent. Elle nous plonge dans le grand courant de la vie, nous oblige à sentir avec force. Combien dans la vie ordinaire nous sommes superficiels et passons à côté de ce qui fait son prix, à savoir les « riens puérils », pour parler comme Proust ! Combien dans la vie ordinaire nous ne savons pas vivre ! Sans doute qu'il ne nous est pas possible de « savoir » vivre, au sens où l'acte de vivre échappe par définition à toute connaissance, étant plutôt la condition de possibilité de celle-ci. Nous sommes dedans, emportés en son cours, bien loin que nous ayons des recettes, que nous la dominions, que nous sachions. Nous pourrions savoir vivre si nous pouvions immobiliser la vie, si nous pouvions l'enfermer en une formule. Mais la vie est un devenir, et les vérités et les évidences d'un jour sont remises en question le lendemain. Une épreuve est une telle remise en question! Comme le déclarait Nietzsche, j'ai été pessimiste tant que je n'ai pas été malade, une fois que je le suis devenu je ne pouvais plus me permettre un tel gaspillage. Mais c'est aussi que le fait d'être malades nous ouvre d'autant plus fortement à tout ce que la vie comporte d'extraordinaire. Il insuffle en nous un puissant affect de compassion. Étant conscients de notre fragilité, nous le sommes aussi de celle des autres, beaucoup plus, souvent, qu'ils ne le sont eux-mêmes.

Combien les êtres humains sont fragiles, et combien il faut les aimer précisément à cause de leur fragilité! Ils font comme si de rien n'était, comme si tout allait de soi, comme si tout était compris et sous contrôle, alors qu'en fait ils tremblent intérieurement de tous leurs membres, rien n'est acquis, ils sont dans l'ignorance, ils ne savent pas ce qui les attend. Nous les aimons parce qu'ils vont mourir, et que celui qui meurt est monsieur ou madame Tout-le-monde, un simple vivant qui accomplit son destin. Dans un tel état, dans une telle dimension, tous les hommes sont égaux, et l'ego de l'un est aussi celui de l'autre. Nous sommes embarqués dans le même bateau, bien que personne n'ait choisi d'y embarquer. Tous s'y retrouvent et tous doivent aller au bout du voyage. Il y aura des contemplations et des extases en ce voyage, mais aussi des tempêtes et des angoisses. Nous éprouvons de la compassion pour l'inconscience des humains. Combien celle-ci, à la fois, les protège et les rend vulnérables, car aussi grande est l'inconscience, aussi brutale est la chute. Par la maladie, nous faisons l'épreuve de la condition humaine à l'état brut, qu'on se camoufle tellement bien à soi-même en règle générale, toute la société — et ses divers spectacles, ses préoccupations, son universel divertissement, pour parler comme Pascal — étant la plus belle expression d'un tel camouflage. L'homme se doit d'être superficiel pour réussir à survivre, mais au fond de lui, il est forcé d'affronter les pires épreuves.

Puisque nous ne maîtrisons pas une grande partie de ce qui nous arrive, que faire sinon avoir confiance en la vie? Il faut donc se jeter dans le courant et se laisser emporter. Ce qui n'est quand même pas une attitude de simple passivité. S'abandonner n'est pas être passif, car c'est aussi s'abandonner à ses propres forces profondes en communion avec celles du monde. S'abandonner, c'est toujours aussi s'abandonner à soi, faire tomber les masques qui nous défigurent, court-circuiter les faux problèmes qui nous grèvent, entrer en contact avec ce qui se trame au plus profond de notre sensibilité, nous ouvrir aux grands courants de la réalité qui nous traversent pour les laisser nous donner l'énergie nécessaire pour avancer. Si nous possédions la maîtrise de notre vie, nous n'aurions pas besoin de nous abandonner.

Qu'est-ce que la prière, sinon l'abandon à une force plus grande que nous? Évidemment, il y a des forces plus grandes que nous, puisque nous sommes si faibles. Et si elles n'existent pas, peu importe, c'est à partir de notre faiblesse que nous les invoquons. Quant à celle-ci, elle est irréfutable, et c'est elle que nous reconnaissons quand nous prions. Nous reconnaissons que nous sommes dépassés, que nous ne sommes pas maîtres du jeu, que nous ne pouvons suffire à la tâche, que nous ignorons. Si la prière s'adresse peut-être à Personne, comme le disait Paul Celan, du moins exprime-t-elle le réel abandon de celui qui reconnaît sa petitesse, sa vulnérabilité et sa dépendance. Il faut être réellement en piètre position pour invoquer Personne de toutes ses forces! Et effectivement, il y a des moments où nous ressentons comme une douleur, combien nous sommes peu de chose, combien peu dépend de nous. Tout au plus nous est-il donné, comme une obligation, de faire face à une force qui se joue de nous, telle une feuille jouée par le vent d'automne. Que nous reste-t-il, sinon d'éclater en sanglots et de nous jeter à genoux? Nous nous sentons tellement impuissants que nous nous accrochons au moindre fétu de paille. L'intensité de la prière ne plaide pas pour l'existence de Celui à qui elle s'adresse, mais pour la réelle détresse de celui qui la profère. De même, l'intensité de la croyance en une justice après la mort et la force des arguments au service de cette croyance ne plaident pas pour l'existence de cette justice, mais pour la réelle injustice de ce monde.

De la même façon, on parle, en ce qui regarde le monde, la vie, les phénomènes, de don et de donation. Heidegger traduit littéralement *es gibt* par «cela donne». En regard, «il y a» semble neutre, froid, absurde. Derrière la phénoménologie aussi, se trouve «une théologie camouflée[2]», ou encore un anthropomorphisme. Pour qu'il y ait don, il faut un donneur ou un donateur, fût-il le don lui-même. Mais ce qui donne la vie n'est-il pas aussi ce qui l'ôte? Encore une fois, une telle manière de s'exprimer ne plaide que pour la passivité a priori dans laquelle l'homme se trouve. Cette position, qui pourrait être comique, parle en réalité pour la grandeur de l'homme, grandeur qui est le corrélat de sa petitesse. L'homme est capable de reconnaître sa petitesse, va au bout de lui-même,

---

2. F. Nietzsche, *Considérations inactuelles*, I-II, traduit par G. Bianquis, Paris, Aubier-Montaigne, 1964, p. 327.

accomplit ce dont il est capable tout en demeurant assez
lucide pour reconnaître qu'il ne peut être à la hauteur
de l'événement qui le provoque ou le sollicite. Combien
en effet l'homme se sent impuissant! Que peut-il faire,
sinon du surf sur les vagues de la réalité et de la vie qui
l'emportent? Que faire, sinon épouser le mystère des
courants? L'homme lutte et combat, fait tout ce dont
il est capable, mais admet que sa capacité et son action
sont limitées.

Ce n'est pas seulement dans les grandes épreuves
de la vie qu'il en est ainsi, mais toujours, même dans
les moindres occasions, l'homme doit savoir s'abandonner à des forces plus grandes que lui, doit avoir
confiance, être mû par une certaine foi qui lui permet
d'aller de l'avant. Il s'agit là de tout un art de vivre. La
raison ou l'ego ne peuvent pas tout contrôler, ils sont
trop petits ou trop limités. Et s'ils veulent occuper
trop de place, ils nuisent plus qu'ils n'aident. Ils doivent se mettre au service du corps entier, pour parler
comme Nietzsche, de la grande intelligence du corps,
qui participe, de par le fait d'en être un fragment
minuscule, aux forces infinies de la Nature. C'est dans
les faits et gestes de la vie quotidienne que l'homme
doit avoir confiance et, conséquemment, s'abandonner.
Il s'agit, en réalité, d'un mélange subtil d'abandon et
de contrôle [3]. Car c'est quand l'homme est rendu au
bout de ses ressources, quand il se rend compte de ses
limites et, donc, quand il se rend jusqu'à elles, qu'il
doit s'abandonner à ce qui le dépasse, y compris à
l'intérieur de lui-même, s'il veut continuer à avancer.

---

3. Abandon et contrôle, telles sont les composantes essen-
tielles du « tempérament d'un guerrier », selon l'Indien Don Juan,
personnage socratique des livres de Castaneda (*Le voyage à Ixtlan*,
op. cit., p. 118).

Ce n'est, en effet, pas abstraitement que l'homme reconnaît ses limites, mais c'est plutôt en tentant d'en limer le mur, « mur de fer invisible, qui semble se trouver entre ce que l'on *sent*, et ce que l'on *peut* », comme l'affirme Van Gogh de son travail de peintre confronté aux limites de la peinture[4]. Il faut aller au bout du chemin pour reconnaître qu'il n'y a plus de chemin et donc s'abandonner au seul cheminement qui nous emporte. De la même façon, c'est en allant au bout de la connaissance que l'homme rencontre l'inconnu et l'ignorance, en lui, qui y participe. L'abandon n'est donc pas une affaire de paresse ou de laisser-aller, mais ne peut advenir qu'au bout des efforts, quand ceux-ci ont déployé toutes leurs ressources. Quand l'homme parvient au bout de lui-même, il ne lui reste plus qu'à se dépasser.

L'homme est constitutivement hétérogène. Il est capable du meilleur et du pire, et non seulement capable, mais il accomplit effectivement le meilleur et le pire. Sa bonté côtoie sa méchanceté, non seulement en des actes différents, mais à l'intérieur d'un même acte. Non seulement rien de ce qui occupe la vaste panoplie de l'humain ne lui est étranger, mais on pourrait même ajouter, pour élargir encore les frontières : rien de ce qui est *inhumain* ne lui est étranger. On sait que l'homme peut être pire qu'une bête, et qu'inversement celle-ci peut se montrer beaucoup plus « humaine » que lui. Paradoxalement, le qualificatif « inhumain » ne s'applique qu'à l'homme. Cette inhumanité de l'homme est illustrée de manière exemplaire dans toutes les

---

4. Cité dans A. Artaud, *Van Gogh le suicidé de la société*, dans *Œuvres complètes*, XIII, Paris, Gallimard, 1974, p. 40.

guerres; comme si en celles-ci toutes les barrières de la décence et de la civilité, nécessaires pour permettre la vie en société, tombaient pour laisser libre cours au flux des bas instincts trop longtemps contenu. Mais c'est aussi le cas, à une échelle réduite, dans la vie quotidienne. Combien la haine que nous ressentons parfois peut être meurtrière! Combien nous pouvons être durs, impitoyables à l'endroit des personnes que nous disons aimer et que nous aimons par ailleurs effectivement! Combien l'amour et la haine sont souvent étrangement mêlés! Combien le plaisir et la cruauté sont souvent liés! Combien les illustrations de ce lien, dans les guerres, les sports, les jeux, les relations humaines, sont nombreuses! Combien des affects négatifs, tels l'envie, le ressentiment, l'esprit de vengeance, absorbent la psyché! Nous passons par des états extrêmes où la générosité côtoie la mesquinerie, l'ouverture à l'autre le refermement sur soi. Nous vient à l'esprit le mot de Pascal au sujet de l'homme: « Un monstre incompréhensible [5]. » Ces états ou ces facettes extrêmes peuvent sembler contradictoires formellement, mais c'est tout naturellement que nous passons de l'un à l'autre. Tous nous constituent et nier ceux que nous n'aimons pas, c'est nous nier nous-mêmes, dénier la réalité telle qu'elle est.

C'est par un souci maniaque de clarté, par désir de sécurité, par dénégation de la réalité, que l'homme est amené à séparer, compartimenter, exclure, purifier. C'est par refus de ce monde où les extrêmes se touchent et sont entremêlés que le platonisme et, à sa suite, le christianisme ont imaginé une autre dimension où chaque chose devenait enfin purement et totalement

---

5. Pascal, *Pensées, op. cit.*, p. 161.

identique à elle-même, sous la forme, chez Platon, d'un Archétype, d'une Forme ou d'une Idée, l'Idée de la Beauté, l'Idée du Bien, etc., ou sous la forme, dans le christianisme, d'une âme enfin débarrassée de son corps, pouvant connaître le Bonheur parfait. Dans une telle dimension imaginaire, le rêve cartésien se trouve enfin réalisé : tout est « clair et distinct », le Bien et le Mal sont deux entités absolues, à l'image d'un vieux film américain où le Blanc finit par triompher de l'Indien.

C'est dans cette même logique du meilleur qui, paradoxalement, à l'encontre de ses intentions mêmes, finit par engendrer le pire que se situent les épurations ethniques et autres maladies infantiles du nationalisme. La réalité est trop complexe et trop subtile, trop diverse et trop multiple, on cherche à la simplifier, et pour ce faire, on n'a d'autre choix que de la brutaliser, de l'amputer, de la décrier. Il s'agit là, bien sûr, d'un comportement suicidaire, puisque c'est aussi bien nous-mêmes que nous tentons de violenter de la sorte. Nous voudrions savoir qui nous sommes, et pour ce faire, nous sommes amenés à détruire tout ce qui, en nous, nous empêche d'être « clairs et distincts ».

Mais en fait, toute réalité en elle-même est opaque, confuse, obscure. L'homme ne s'est pas fait lui-même, son être plonge dans le cosmique et le microscopique. Il est devant lui-même comme il est devant le ciel étoilé : étonné, dépassé, sans raison et sans explication. Quel spectacle sublime, et pourtant ce n'est pas un spectacle, c'est la plus irréfutable réalité. Ce n'est pas devant moi, j'en fais partie, mon être est aussi incom-préhensible, gratuit, merveilleux que le ciel étoilé dans lequel il flotte avec tous les autres habitants de la terre. Il jouit du même être-là obscur que l'animal, que le végétal, que le minéral. Il ne s'agit pas de tout accepter ou de tout justifier, mais d'être soi-même assez ouvert, assez subtil, assez aimant pour saisir les liens et épouser les courants qui traversent et relient les divers fragments. L'*autre* est partie constitutive de soi. Je est un autre, je suis un autre, et en détruisant cet autre, c'est une partie fondamentale de moi que je détruis. Je ne peux vivre isolé, en m'isolant je me détruis : cela est vrai des individus comme des groupes. Plus encore, cela est vrai de ce qui se trame à l'intérieur même d'un individu. Si celui-ci, en s'identifiant à une partie de lui-même, se coupe de ses autres parties, il détruit l'ensemble, et à vouloir faire l'ange, il fait la bête. À vouloir être trop bon ou parfait, il devient un hypocrite déconnecté de lui-même et de la réalité. Ce n'est pas que l'homme doive demeurer passif et se contenter d'être ce qu'il est. Mais toutes ses luttes, y compris celles qui se font à l'intérieur de lui-même, doivent se faire avec beaucoup d'attention, de délicatesse et de respect, sous peine de conduire au désastre, et donc d'apporter un remède pire que le mal.

Ce fut le but pratique de toutes les grandes philosophies du monde : Comment se comporter ? Comment ne pas être comme une feuille au vent, mais acquérir un certain contrôle sur soi-même et sa propre vie ? Souvent, l'instance pour connaître le monde et prendre le contrôle de soi-même a été désignée sous le nom de « raison ». Celle-ci s'inscrit dans une structure hiérarchique où elle se trouve à représenter le plus haut de l'esprit, alors que les autres instances, imagination, mémoire, perception, sensation, se situent de l'autre côté, en direction du corps. L'esprit doit dominer le corps. Mais une telle réponse demeure abstraite et ne résout pas, dans la pratique, la question posée.

Comment en effet, dans la vie même, et pas seulement dans la théorie, ne pas être à la merci des événements qui nous viennent du dehors comme de ceux qui surgissent du dedans ? Il ne s'agit pas de s'installer dans telle ou telle position, car toute position devra être soumise à l'épreuve des faits. Il ne faut cesser de méditer cette vérité profonde exprimée par Pascal : « L'homme n'est ni ange ni bête, et le malheur veut que qui veut faire l'ange fait la bête [6]. » C'est dire que ce contrôle de soi, dont nous parlons, ne peut provenir d'une formule ou d'une recette, ni d'une vérité métaphysique ou ontologique, mais ne peut émaner que de la pratique même, que de l'attention portée à celle-ci. Si vérité il y a, en ce contexte, elle ne fait qu'un avec le mouvement même de la vie. Et jamais un tel contrôle, toujours limité et fait d'abandon, n'est un acquis, mais est sans cesse remis en jeu et en question au fil du devenir universel dans lequel on est emporté et à l'épreuve des événements qui ne cessent d'arriver. Par exemple, nous y reviendrons, jamais la solution ne peut avoir pour nom la « sagesse ». Celle-ci, en effet, est perçue comme un état stable, serein, où l'homme est en pleine domination de lui-même. Aussi bien dire que cette sagesse n'est qu'un idéal, ou une idée régulatrice pour parler comme Kant, ou encore un fantasme, ou pis encore, un masque que certains portent pour impressionner et exploiter de plus naïfs. Non, le concept de sagesse ne convient pas plus ici que celui de raison. La solution vivante et donc changeante ne se trouve pas, en effet, dans une instance extérieure ou transcendante, mais dans cela même qui a lieu, et qui a peu à voir avec la sagesse et le rationnel ou le raisonnable.

---

6. *Ibid.*, p. 151.

Changer, qu'est-ce que changer? C'est un véritable changement dont il s'agit, et pas seulement de l'idée de changement. La manière d'être elle-même doit être différente, et doit être sentie comme telle. Quelque chose qui était là n'y est plus. La question se pose: Dans quelle mesure peut-on changer vraiment, ou dans quelle mesure ne fait-on que déplacer des éléments de ce que nous sommes, pour les mettre en un nouvel arrangement? Pouvons-nous changer? Et pourtant, comme le pressentait Foucault à la suite du stoïcisme et de l'épicurisme, c'est la seule chose qui importe. À quoi sert en effet d'avoir de nouvelles idées, d'avoir lu plus de livres, si nous demeurons le même? Philosopher affecte la pratique la plus matérielle de vie, et pas seulement le contenu de la pensée. Cette pratique matérielle ne se traduit pas en anecdotes, mais en manière d'être, manière de sentir, manière d'être au monde. Que sentons-nous? Comment vivons-nous telle ou telle situation familière? Comment réagissons-nous? Qu'est-ce qui se brasse dans notre psyché? Quels affects ou quels états nous dominent? C'est sur ce plan que le véritable changement s'effectue ou non. La situation extérieure peut sembler tout à fait la même, c'est l'attitude intérieure qui a changé, pas toujours visible ou apparente. Quelque chose s'est imperceptiblement transformé. Le problème, insoluble tout à l'heure, ne se pose plus dans les mêmes termes. Les neurones du cerveau ont été physiquement modifiés, s'il est vrai qu'ils sont la base matérielle de nos états psychiques. Ces changements sont salutaires. Car les problèmes deviennent insolubles et décourageants à force d'être toujours posés dans les mêmes termes. Ils s'incrustent en eux-mêmes et deviennent comme des points fixes devant les yeux. La seule solution est de les poser autrement, mais encore une fois, ce n'est pas une affaire de volonté ou de théorie. C'est concrètement, pratiquement, effectivement, qu'ils doivent se poser autrement. Le changement est joie, légèreté, libération. On peut même aller jusqu'à dire que le changement malheureux, que l'épreuve qui nous frappe a aussi quelque chose de libérateur, en ce qu'il nous force à nous approfondir, à prendre à bras-le-corps notre vie qui allait à vau-l'eau, à sortir de nos sillons. Nous faisons tout pour nous enfermer dans nos habitudes. Et toute rupture venue du dehors, si elle nous provoque et nous fait souffrir, nous met en mouvement et nous force parfois à nous dépasser.

Le changement dont nous parlons affecte notre manière d'être devant les réalités de la vie quotidienne. Souvent, cette manière d'être nous pèse, elle est l'indice d'un problème quasi insoluble, qui a en tout cas tendance à se poser constamment de la même façon. Or, nous aussi cherchons à nous «déprendre» de nous-mêmes, à «penser autrement». Pas seulement, d'ailleurs, dans la sphère intellectuelle, mais dans celle plus immédiate, plus concrète ou matérielle, des affects. Nous voulons voir les choses autrement, les sentir autrement, sortir des faux problèmes stériles dans lesquels nous nous débattons. Une fois de plus, ce n'est pas d'abord une affaire de volonté, c'est beaucoup plus subtil, c'est affaire de stratégie avec soi-même: se connaître assez pour déjouer ses propres impasses, trouver des solutions inédites, originales aux questions posées, savoir identifier ses priorités comme on le dit dans une certaine psychologie populaire. Certes, il faut désirer changer, et ne pas se complaire en soi-même comme s'il n'y avait rien à faire. C'est comme pour l'acte d'écrire, il faut se mettre en état de disponibilité, mais quant au changement lui-même, il se fait malgré nous, dans notre dos, ici encore la frontière est franchie par un saut quantique, nous pouvons faire l'expérience de la nouvelle situation et sentir sa différence avec l'ancienne, mais nous ne pouvons expérimenter le passage comme tel, le changement comme tel, la position de notre être tout au long du parcours.

Des ruptures se font, selon tout un concours de circonstances, et on se retrouve de l'autre côté, comme on se retrouve de l'autre côté du sommeil, à l'état de veille, sans que l'éveil comme tel ait été vécu (ou comme on se retrouve de l'autre côté de la veille, à l'état de sommeil, sans que l'endormissement comme tel ait été vécu). En même temps que nous le désirons, nous résistons au changement, car changer est mourir un peu, et nous nous accrochons à notre vie comme à nos basques, même le malheur faisant partie de notre identité et faisant donc l'objet d'un funeste attachement. Oui, nous craignons de sortir de notre malheur comme nous craignons de mourir à nous-mêmes, ou de mourir au vieil homme comme on le dit dans le christianisme. Nous avons peur de ne plus nous y reconnaître, de quitter le malheur connu pour l'inconnu. Mais cette peur fait précisément partie de la situation dans laquelle nous sommes pris et dont nous aimerions sortir.

Quand le changement a lieu, c'est aussi cette peur du changement dont nous sommes libérés.

Nous ne quittons pas celui que nous sommes, ni le monde que nous habitons, mais nous les percevons autrement. Nous vivons en notre psychisme, en notre monologue intérieur, en nos images, en nos problèmes concrets, en nos espoirs et craintes, comme en une bulle. Cette bulle colore le monde, ou est un écran à travers lequel nous le sentons, percevons, imaginons, pensons. Quand cette bulle crève, ou est trouée, le monde change. Peut-être la mort peut-elle ressembler à un réveil ? De la même façon qu'au moment de l'éveil les bulles des songes sont volatilisées, à la mort peut-être est-ce la bulle du grand songe de la vie qui, soudainement, se dégonfle ? Les changements dans la vie sont semblables à des morts ou à des éveils. Un voile que nous prenions pour la réalité elle-même se déchire devant nos yeux. L'espace d'un éclair, en attendant qu'un autre voile se reforme peut-être, la réalité se met à miroiter librement.

Cependant, ce désir de changement ne doit pas tromper. L'homme ne doit pas se prendre pour ce qu'il n'est pas. Car on peut vouloir incarner l'idéal de sagesse ou de sainteté et faire tous les efforts nécessaires en cette direction, mais le changement doit se faire malgré nous, et ne pas être porté à bout de bras par notre volonté. Car dans ce cas, il n'est qu'un nouveau masque. Il est facile de croire que l'on est différent de celui que l'on était. Mais qu'en savons-nous au fond de nous-mêmes ? Le sommes-nous autant que nous le pensons ? Et d'ailleurs, ce que nous sommes est-il à changer ? Est-il si mauvais que nous le disons ? Ce que nous sommes comporte peut-être une logique plus subtile que tous les idéaux ou les images que nous aimerions incarner. Ici encore, la culpabilité est maîtresse et mauvaise conseillère. Car c'est par culpabilité d'être celui que nous sommes, comme nous le sommes, que nous aspirons à être différents. Nous aimerions être complètement bien dans notre peau, et ne rien avoir à nous reprocher. Nous voudrions être fiers de nous-mêmes, et même jouer le rôle d'un modèle pour les autres. Nous aimerions être regardés avec admiration et envie. C'est ainsi qu'un vaniteux se cache derrière le saint homme, que l'idéal d'humilité est en fait un signe d'orgueil. Autre illustration d'une logique subtile dont nous ne sommes pas toujours au fait. Car bien souvent, nous sommes pris dans un piège. Jean-Toussaint Desanti a bien analysé ce piège au sujet de lui-même et de son implication de quatorze ans dans le parti communiste français. Comme il le dit, cela même qui nous fait penser, les termes et les notions dans lesquels on pense ne sont pas eux-mêmes pensés ou problématisés. La pensée est captive au moment même où elle se croit libre. Toute pensée nouvelle confirme la pensée en sa prison et renforce son adhérence [7]. Cela est vrai, non seulement des grandes appartenances de l'homme, à un temps et à un espace, à un parti, à une secte, à un groupe quelconque de nature idéologique, politique, religieuse, mais à un niveau plus précis, plus détaillé, aux idéaux qu'il caresse, aux images qu'il entretient au sujet de lui-même. Nous avons devant les yeux, ceux de l'esprit et ceux du corps, des formules ou des vérités qui nous font penser, à partir desquelles nous pensons. Ces vérités

---

7. J.-T. Desanti, *Un destin philosophique*, Paris, Grasset, «Figures», 1982. «Ce qui portait à penser et ouvrait les chemins du penser ne pouvait en aucun cas s'offrir au penser. [...] Toujours la parole est captive du lieu où elle s'exerce; et dans l'espace de son discours, là où il croit s'entendre penser, le "sujet" lui-même est capturé plusieurs fois» (p. 272-281). À l'encontre d'un tel piège, voilà le défi de la pensée tel que le définit Foucault: «La pensée, ce n'est pas ce qui nous fait croire à ce que nous pensons ni admettre ce que nous faisons; mais ce qui nous fait problématiser même ce que nous sommes nous-mêmes. Le travail de la pensée [...] [est] de pressentir le danger qui menace dans tout ce qui est habituel, et de rendre problématique tout ce qui est solide» (H. Dreyfus et P. Rabinow, *Michel Foucault. Un parcours philosophique*, traduit par F. Durand-Bogaert, Paris, Gallimard, «Bibliothèque des sciences humaines», 1984, p. 325-326).

et ces formules ne peuvent pas être remises en question ou ne le peuvent que difficilement.

Comment vivre autrement? Certes, c'est aussi une affaire d'effort, mais pas seulement d'effort. On sait que certains troubles sont dus à des mécanismes ou déterminismes psychologiques. N'atteignons-nous pas là une limite du pouvoir humain, une limite objective de la liberté? Cependant, on ne peut jamais répondre par un oui ou un non à une telle question, puisqu'il faut sans cesse expérimenter et qu'il n'y a aucune autorité irréfutable en la matière. Il nous faut dire, dans le sillage de Socrate: nous ne savons pas. Peut-être oui, peut-être non. Peut-être pouvons-nous ce qui nous paraît impossible. Si nous disons non, nous ne le pourrons pas. Mais si nous disons oui, nous risquons d'être toute notre vie déçus et frustrés, et finir par faire comme si c'était non. La question n'est pas inutile, car elle met déjà dans notre vie une grande intensité. Nous sommes dans l'ouvert, tout est devant nous, le chemin n'en finit pas. La métamorphose est la noblesse même de la vie. Nous voulons que la vie nous surprenne, nous voulons donc nous surprendre nous-mêmes et pouvoir accomplir ce qui nous paraissait hors de portée. N'est-ce pas ce qui est à l'origine de l'affect de joie: accomplir enfin l'impossible, toucher enfin l'inaccessible[8]?

Par exemple, pour en revenir à l'écriture, pourquoi celle-ci procure-t-elle une telle joie? C'est parce que, au point de départ, elle apparaît irréalisable, elle nous est refusée en dépit de tous nos désirs et de tous nos appels en sa direction. Nous devons y renoncer dans les

---

8. On comparera avec Nietzsche: «Qu'est-ce que le bonheur? Le sentiment que la puissance croît, qu'une résistance est en voie d'être surmontée» (*L'antéchrist, op. cit.*, p. 12).

faits, même si nous continuons de l'appeler de tous nos vœux. Et voilà que, à un moment où on ne s'y attend plus, elle nous est donnée. Tout ce à quoi nous rêvions comme à un inaccessible fantasme, voilà qu'il se trouve devant nous dans toute sa simplicité ! Ce que nous désirions au plus secret de notre cœur vient au monde en criant et piaffant tel un enfant. L'image, ou la divinité, s'incarne en un corps irréfutable ! Nous espérions tellement écrire, sans y parvenir, et voilà que, on ne sait comment, on est en train d'écrire ! Ou plutôt, devons-nous dire, *ça* s'écrit, tellement nous avons l'impression d'y avoir peu de part, nous avons l'impression d'être poussés dans le dos par une puissance plus grande que nous. En écrivant alors que nous n'écrivions pas, nous faisons la démonstration en acte qu'il est possible de vivre autrement. Ne s'agit-il pas de désirer le change-ment de toutes nos forces, même s'il dépasse celles-ci, d'être pour ainsi dire obsédés jour et nuit par lui, jusqu'au moment où on s'abandonne enfin et, par le fait même, on renonce à ce désir qui fait partie de ce que *nous sommes* loin de le dépasser, pour que le chan-gement effectif nous soit peut-être enfin donné comme une grâce ? De sorte que se réalise ici aussi la grande vérité qui, comme toute grande vérité, s'énonce sous la forme d'un paradoxe, c'est-à-dire d'une contradiction apparente, mais qui manifeste en réalité une logique profonde : il faut chercher d'abord pour trouver, mais pour trouver enfin il faut cesser de chercher. Tant que l'on cherche on ne peut pas trouver, puisque la recher-che est notre seul lot et qu'elle s'alimente à cela même que nous voulons changer. Mais c'est tout de même cette accumulation plus ou moins stérile de force qui met en état de disponibilité pour le changement qui viendra du dehors. Pour qu'il vienne du dehors en effet, encore faut-il qu'il rencontre en nous le terrain propice pour advenir.

Il faut enfourcher la ligne de création ou la ligne d'écriture, comme on enfourche un cheval, sans trop savoir où elle va nous mener. Celle-ci ne cesse de faire des boucles, de bifurquer, de dévier et de fluctuer. Parfois elle s'arrête, quitte à repartir plus loin. Elle obéit à une logique qui est aussi incompréhensible que celle de la vie. L'important est qu'elle soit en cours, même si elle se trouve temporairement arrêtée. Mais nous savons qu'elle nous réserve des surprises, qu'elle pourra repartir de plus belle au moment où on s'y attend le moins. Nous aimons qu'elle nous surprenne. Parfois, nous essayons de la provoquer, de la prévoir. Mais elle nous déjoue et ne satisfait pas nos attentes. Il faut revenir à cette ligne d'écriture comme à cela même qui est en train de se dérouler. C'est comme Deleuze qui, à la fin de sa vie, se demande : mais qu'est-ce que je faisais tout ce temps ? qu'est-ce que la philosophie ? De la même façon qu'après avoir parlé de soi, des autres et du monde on se demande en philosophie contemporaine : mais qu'est-ce au juste que le langage ? Nous ne nous demandons pas : qu'est-ce que l'écriture ? car toute question en forme de « qu'est-ce que », en renvoyant à une sorte de nature ou d'essence, est sans doute piégée. Mais plutôt, c'est que la matière même de l'écriture apparaît pour elle-même, comme le véhicule privilégié en lequel se déplace la réalité, aussi bien celle de soi que celle des autres et du monde.

C'est l'acte d'écrire même qui nous importe et non pas ce qu'est l'écriture. De même pour Descartes, c'est l'acte de penser même qui importe et non pas ce qu'est la pensée. Pour lui, d'ailleurs, la pensée n'est rien d'autre que l'acte ou l'exercice de penser. Comme il le dit très bien dans son dialogue inachevé: «pour savoir ce que c'est que le doute, et la pensée, il suffit de douter et de penser[9]». Semblablement, on pourrait dire que c'est le mouvement même de l'écriture qui emporte en lui le soi, les autres et le monde. C'est l'acte même d'écrire qui est la ligne de fuite, la percée hors de la prison, la libération. C'est lui qui permet d'explorer de nouvelles contrées, qui déplace les problèmes, qui aide à franchir les obstacles, qui débloque la vie, qui la transmue subtilement et secrètement. C'est en lui, en son devenir, que réside le vrai changement dont nous parlons. C'est grâce à l'acte d'écrire qu'on peut vivre autrement. Pour nous, n'est pas important de savoir ce qu'est l'écriture, mais d'écrire. Non pas de bien écrire, d'écrire comme ceci ou comme cela, d'écrire de la fiction, de la poésie ou de la philosophie, mais d'écrire. L'acte d'écrire possède en lui une puissance capable de pulvériser tous les genres. Ceux-ci n'ont de sens que rétrospectivement, du point de vue d'un lecteur, et non de celui de l'auteur. De la même façon, c'est du point de vue du lecteur que l'auteur apparaîtra dans toute son ampleur et sa maîtrise, avec ses connaissances, alors que ce dernier est plutôt mû par l'ignorance et l'inconnu, c'est en tâtonnant et errant qu'il avance. Il ne sait pas où il avance. Ses avancées ne sont pas des conquêtes, mais des percées pour continuer à vivre, continuer à respirer. Il ne plante pas son drapeau sur les nouveaux territoires où il avance pour se les approprier, mais les traverse sans les connaître vraiment, comme une ombre qui n'est d'aucun monde, ou comme l'homme d'Héraclite, qui s'avance dans la nuit avec sa lampe, n'éclaire de

9. Descartes, *La recherche de la vérité par la lumière naturelle*, dans *Œuvres complètes*, Paris, Gallimard, «La Pléiade», 1953, p. 899.

celle-ci que ce qui est suffisant pour le prochain pas. Si
le lecteur perçoit l'auteur comme doté d'une mémoire
longue, l'auteur quant à lui procède plutôt dans l'oubli.
Il avance en aveugle, et la ligne d'écriture est précisément sa canne blanche. Seulement pour un point de
vue rétrospectif, le cheminement prend-il l'apparence
d'un chemin. C'est alors qu'on peut dire : voilà ce que
l'auteur pense, voilà sa philosophie. Quant à l'auteur
lui-même, il n'a pas de vision d'ensemble, mais ne voit
que ce qu'il sent. Comme un corps vivant n'a pas
de vision synthétique de tous ses aspects, de tous ses
angles, propulsé en avant par l'affect toujours présent
qui l'ouvre d'emblée sur le dehors et l'avenir inconnu.

C'est dans la vie même que le changement doit
avoir lieu, et pas seulement dans l'écriture. Tout au
plus, celle-ci sert-elle d'adjuvant au changement.
Ou encore, elle l'accompagne, comme d'ailleurs elle ne
cesse d'accompagner la vie en tous ses parcours, en ses
joies et ses peines. Le changement se fait comme une
mutation dans la vie même. Il exige une longue prépa-
ration, mais peut-être advient-il soudainement. C'est
vivre autrement que l'on veut, et non avoir une autre
théorie sur une autre vie. Vivre autrement, non comme
une vie utopique, dans un âge d'or ou un paradis
mythiques, mais vivre autrement effectivement, au
fil des jours, au sein de la quotidienneté. Le changement
doit se sentir dans les états, les affects, les pensées, les
perceptions, les relations elles-mêmes. Quelque chose
est différent! On ne saurait trop dire quoi. Mais quelque
chose semble avoir changé dans les neurones mêmes!
On n'est plus tout à fait celui que l'on était. Certains
problèmes qui nous harcelaient ne se posent plus.
Est-ce parce qu'on a vieilli, parce qu'on a accumulé

de l'expérience, parce qu'on a désiré le changement et fait des efforts en sa direction, parce qu'on a observé et pensé? Ce changement est matériel, physique, chimique, psychique. Il fait que l'on sent, perçoit, pense autrement. Il est joie, joie simple et qui n'a pas besoin de raisons. Changer, c'est se libérer d'un poids que l'on portait. Au point de départ, ce n'était peut-être pas un poids, mais il l'est devenu par la force d'inertie des habitudes, par son incrustation dans notre psyché et notre corps. De la même façon, on aspire à un moment donné à voyager. Non pas nécessairement parce que le soleil est plus brillant ailleurs, mais parce qu'on ressent le besoin de briser les croûtes qui ont fini par se former, afin que nous puissions de nouveau voir avec des yeux dessillés, peu importe quoi, et que ce nouveau regard puisse se porter également sur notre univers familier à notre retour. Le plaisir éprouvé au changement est de même nature. Nous sortons enfin de nos sillons! Nous sommes presque quelqu'un d'autre!

Écrire est un acte de la vie quotidienne. C'est en celle-ci que le véritable changement doit avoir lieu. La vie quotidienne n'est pas bien nommée. Car on la voit alors de l'extérieur, comme si on la parcourait au fil des jours, dans son horaire, ses rendez-vous, ses occupations. Alors que la vie dont nous parlons est vécue de l'intérieur. L'horloge et le calendrier ne sont que des mesures extérieures qui ne disent rien des enjeux réels. Ceux-ci se situent au niveau d'une manière d'être. Nous avons dit que celle-ci pouvait être qualifiée par la joie. Elle peut aussi l'être par le complément de celle-ci, à savoir l'amour. L'amour est cet état de joie qui accompagne la relation à l'autre. Il est gratuit, et est comme un débordement de joie, qui est elle-même débordement de puissance de vie. Cette puissance *est* métamorphose.

Autant l'énergie se vide des impasses dans lesquelles elle se prend, autant elle s'augmente d'elle-même quand elle peut enfin se rassembler et couler librement. Elle se vide de sa propre impossibilité à se dépenser et se remplit ou s'enrichit au contraire de ses dépenses. L'amour est don à l'autre du don de joie que la vie nous fait. Nous sommes enfin dans un cercle vertueux après avoir tellement tourné dans des cercles vicieux. Ce que nous donnons en amour nous est redonné en joie. La capacité d'aimer est incommensurable avec le besoin d'être aimé. L'action est première par rapport à la réaction. La vie en son jaillissement, en sa puissance créatrice est don. C'est de ce premier don que résultent tous les autres. Un fragment de puissance nous est d'abord donné qui constitue notre *conatus* (Spinoza) ou notre « volonté de puissance » (Nietzsche), notre désir comme ne faisant qu'un avec nous-mêmes ou notre être-au-monde. C'est de ce don primordial de vie qui dépose la puissance en l'enfant comme une grande joie dans laquelle lui et le monde baignent que vont sortir tous les actes d'amour. Cet amour n'a pas besoin nécessairement de se dire. Il s'éprouve et se manifeste à sa façon, selon les circonstances, comme une certaine qualité d'un rapport au monde, comme un don indiscernable qui est fait aux autres, comme une énergie qui rejaillit sur les autres et les aide à vivre. Il n'a pas besoin de s'adresser à quelqu'un en particulier. Il se manifeste simplement dans une façon de contempler une lumière, dans une manière de respirer, dans une façon de marcher, d'entrer dans une pièce, de se tenir au milieu des autres...

C'est aussi une façon de se trouver en soi, de s'habiter soi-même, en toute simplicité. Je suis de l'intérieur de moi-même, en même temps que j'habite un monde commun. Mais chaque Je l'habite à sa façon, de telle sorte qu'on peut dire aussi que chacun habite son monde, non pas un monde qui lui appartient, qu'il *a*, mais un monde qu'il *est*, qui ne fait qu'un avec lui. C'est la loi de l'immanence. Le monde que j'habite est à ma couleur, non pas que j'en aie la maîtrise, que je le colore délibérément de telle ou telle couleur. Car la couleur est comme le style, comme l'être-là de chacun. Je ne l'ai pas choisie puisqu'elle ne fait qu'un avec moi et que je ne me suis pas choisi, mais me suis reçu comme un don, dans mon existence et mon essence. Mais peu importe la part qui dépend de mon initiative et celle qui m'est imposée. *Je suis les deux.* C'est avec les deux que je vis. Comme nous le disions : affaire d'abandon *et* de contrôle. C'est à l'intérieur d'un monde qui ne fait qu'un avec moi-même, les deux m'ayant été donnés en même temps, que je vais de l'avant, observe, questionne, continue le don de vie...

Mais, *comment* changer ? Voilà la question pratique qui meut une grande partie de la philosophie antique [10]. L'investigation du réel n'est pas négligée pour autant. Mais l'homme cherche à comprendre le monde dans lequel il se trouve et cherche à se comprendre lui-même afin de rendre son existence plus sereine, plus joyeuse, plus puissante. La compréhension a toujours des effets pratiques. Elle n'est jamais uniquement spéculative. Pour nous, les hommes, la compréhension est immédiatement action. Agir, en effet, n'est pas seulement intervenir matériellement dans le réel, à l'aide d'une

---

10. On consultera un des plus beaux livres sur cette question : P. Hadot, *Qu'est-ce que la philosophie antique ?*, Paris, Gallimard, « Folio », 1995.

partie de notre corps, pour y fabriquer, construire, modifier, défaire, éliminer quelque chose. Agir est aussi l'acte immédiat de l'esprit qui comprend. Pur changement incorporel, pure transformation sur place. Le seul fait que l'homme saisisse sa place dans l'univers est en soi-même un changement majeur par lequel beaucoup d'anciens problèmes se trouvent court-circuités. L'homme en acquiert même une espèce de sagesse. Si j'observe attentivement, amoureusement ce que je suis, ce que je suis n'est plus le même que lorsque je ne l'observe pas, ou que je suis en haine et en conflit avec lui. C'est dans les neurones mêmes du cerveau, donc à un niveau invisible, que s'effectue le changement. Rien n'a apparemment changé. L'homme vaque à ses occupations comme à l'ordinaire, il n'a fait aucun coup d'éclat, n'a opéré aucune grande rupture. Et pourtant, il ne vit plus les mêmes choses de la même façon. Donc, ce ne sont plus les mêmes choses.

Parvenir à un tel état, ou à une telle position des problèmes, était le but d'une grande partie de la philosophie antique. Dans un tel contexte, la philosophie se tient très près de la chair de l'homme, elle apparaît comme un adjuvant nécessaire, comme une hygiène de l'esprit qui accompagne celle du corps et qui est peut-être encore plus nécessaire que cette dernière. La philosophie est alors une manière d'être au monde, nomme la qualité singulière de l'intensité d'une vie. Un philosophe est celui, non pas qui sait vivre, car on ne le sait jamais, mais qui apprend toute sa vie à vivre, non pas dans le but de savoir enfin mourir, car on ne le sait pas plus que vivre, mais pour continuer l'apprentissage de la vie jusque dans le mourir.

Plus que jamais, aujourd'hui, nous avons besoin d'en revenir à une telle conception et une telle pratique de la philosophie. Car, avec toute notre science, peut-être sommes-nous plus désemparés, plus dépourvus que ces hommes antiques qui compensaient peut-être leur science déficiente par une ouverture plus harmonieuse sur un monde lui-même plus vierge, moins affecté et défiguré par la main de l'homme. Aujourd'hui, on a trop tendance à passer de la science à la secte religieuse, de l'esprit rigoureux à la superstition, du scepticisme à la crédulité, de la technique la plus sophistiquée au gadget. Il nous faut une voie latérale, qui évite les sentiers battus des clichés, qui soit une voie que l'on invente en l'empruntant, la voie de la connaissance de soi (et par le fait même, d'autrui et du monde) qui était celle d'une grande partie de la philosophie antique. Voilà une philosophie qui n'est pas une spécialité, qui ne se prend pas pour une science, qui s'offre à quiconque est assez vivant pour se poser des questions vitales, pour être mû par une curiosité insatiable, qui est insatisfait des choses telles qu'elles sont, qui cherche.

Cette pratique de la philosophie s'adresse à l'«honnête homme» du vingt et unième siècle, comme la voie la plus noble et la plus créatrice qui puisse s'offrir à lui. Non pas une voie de sortie, de digression ou de divertissement, mais une voie de passion qui plonge au cœur du réel et de la vie.

Tel que nous l'entendons, changer ne signifie donc pas nécessairement modifier, partir, rompre, éclater, etc., mais consiste plutôt en un art de vivre. Il ne s'agit pas de vivre autre chose, d'autres expériences, mais de vivre autrement. Car, pour vouloir se modifier, il faut avoir la prétention de connaître qui l'on est et ce qui nous conviendrait. Mais c'est justement ce qui manque, cette connaissance de soi. «Se connaître», en effet, n'est jamais savoir qui l'on est et qui l'on devrait être, mais être plutôt attentif à ce que l'on est ou devient tout au long du parcours de la vie, tout au long du mouvement de vivre. D'emblée, dans la vie, on change et on ne cesse de changer. On ne sait pas qui l'on est. Il s'agit de le découvrir, non pas par une formule ou une définition, mais par un accompagnement silencieux et amoureux, sans condamnation et sans justification. L'observation de soi (d'autrui et du monde) se fait toujours dans l'étonnement amoureux. Seul ce dernier peut ouvrir l'esprit et le cœur pour permettre à ce qui est de se manifester librement et de pouvoir aller au bout de lui-même. Alors que, quand on veut changer, on se trouve plutôt sur le pied de guerre, on ne permet pas à ce qui est d'apparaître, on le repousse et le refoule plutôt, cherchant justement à le modifier ou l'éliminer. On ne peut pas comprendre sans amour. Seul l'amour ouvre et rend disponible. Un amour de soi qui ne fait qu'un avec l'amour d'autrui et du monde. Un amour comme vulnérabilité et force indissociables. Ce qui n'enlève rien à l'esprit critique et à l'esprit d'insatisfaction qui nous poussent en avant, et qui sont à l'origine même de l'acte d'observation ou d'attention.

En d'autres mots, quelles que soient les circonstances de la vie, et sauf exceptions, il faudrait que l'affect de joie prédomine, ouvertement ou secrètement. La joie n'est rien d'autre, comme l'ont admirablement montré Spinoza et Nietzsche, que le symptôme ou l'effet d'une augmentation de puissance. L'homme joyeux est plus vivant que l'homme triste. Ce n'est pas ici affaire de devoir ou d'obligation quant à la joie ou de condamnation quant à la tristesse. Les choses sont plus subtiles. La tristesse, en effet, est sans doute nécessaire à une certaine augmentation de la joie s'il est vrai que ce sont les épreuves qui nous renforcent. Face à la souffrance, nous sommes pour ainsi dire lavés de tout le superflu et ramenés au noyau essentiel de la vie. Il peut en résulter une grande intensité, et c'est ainsi que l'intensité de la souffrance peut se transmuer en intensité de joie. De toute façon, la seule obligation éthique qui vaille est celle de vivre le plus complètement tous les événements et les affects qui les accompagnent, donc y compris celui de la tristesse quand il se présente. Sinon, on se trouve dans la structure stérile de la contradiction entre ce qui devrait être et ce qui est, au détriment bien sûr de ce dernier. Contradiction stérile, car c'est le même, dédoublé, qui lutte contre lui-même, comme si la main gauche essayait de vaincre la main droite. L'homme n'a d'autre destin que d'habiter du mieux qu'il peut ce qui est ou ce qui lui arrive. C'est dans l'intensité de sa présence au monde que se situe le véritable enjeu. Car on peut se demander dans quelle mesure une telle intensité n'est pas en elle-même joie, même inavouée ou inavouable, joie sombre, obscure, secrète, qui fait qu'on peut ressentir une grande puissance au fond de soi, même dans les pires circonstances. Même l'homme qui rampe en effet, l'homme malade, peut être investi d'une grande force intérieure. N'est-ce pas le cas, entre autres, du héros de Kafka et de Beckett? Une telle force se manifeste souvent par la lutte, même contre un ennemi plus fort qui finira par nous vaincre. De toute façon, ne sommes-nous pas tous destinés à rencontrer un tel ennemi tôt ou tard? Mais sans doute peut-elle se manifester autrement, par exemple par un certain abandon, par une grande réconciliation avec ce qui est. Ce qui est n'est-il d'ailleurs pas le réservoir de toute puissance? Pour qu'une telle réconciliation puisse se faire, il faut que l'homme se ramasse enfin sur lui-même, qu'il cesse de se fuir et de se disperser, fuir en avant dans le futur ou en arrière dans le passé, se disperser dans les objets et les occupations. Il faut qu'il retrouve le sens profond de l'oisiveté, un sens de l'oisiveté non seulement quand il ne fait rien, mais plus encore au cœur de toutes ses activités, comme une manière secrète de transformer tout travail en jeu, une simple habitude en expérimentation, un simple geste en signe d'amour, l'ordinaire en extraordinaire.

Nous avons fait allusion au héros de Kafka et de Beckett. Nous pourrions aussi parler du Christ. La passion de celui-ci ne dégageait-elle pas une grande puissance et intensité, et la grande souffrance n'avait-elle donc pas comme envers une non moins grande joie ? L'expression « passion », d'ailleurs, ne désigne-t-elle pas à la fois souffrance *et* joie ? On a voulu traduire l'intensité en extension, ou l'événement en état de choses, et on a mis, d'un côté, toute la souffrance avec sa culmination dans la crucifixion, et de l'autre, toute la joie dans la gloire de la résurrection. Une telle traduction de l'intensité en extension — traduire l'intemporalité de l'état de béatitude en immortalité de l'âme ; l'effet néfaste d'une action mauvaise en punition ou châtiment ; la nécessité d'une révolution intérieure en simple croyance ; le royaume de Dieu dans le cœur comme amour ou paix intérieure en au-delà... —, n'est-ce pas là le péché originel de la religion ? Ne pouvons-nous pas faire une meilleure lecture des événements, et retraduire l'extension en intensité ? Alors, c'est au cœur de sa souffrance que le Christ porte sa béatitude, c'est au cœur de son sacrifice qu'il trouve le salut, au cœur même de sa vie qu'il goûte à la paix intérieure. Le Christ était un passionné au sens le plus noble du terme et, forcément, son lot de souffrance était à la hauteur de son lot de joie. Les deux lots composaient une seule et même vie.

N'est-ce d'ailleurs pas ce qui se passe tout le temps ? Dire oui à la vie n'implique-t-il pas de dire oui à toutes ses facettes, y compris les problématiques, terribles, douloureuses ? Dire oui à la puissance et à la création n'est-ce pas nécessairement dire oui à ses propres limites, puisque c'est à partir d'elles que la puissance se déploie et que la création advient ? Aimer quelqu'un n'est-ce pas l'aimer aussi dans les peines qu'il nous cause, pour le meilleur et pour le pire comme on dit ? Comme être soi-même est traverser aussi bien les souffrances que les joies qui constituent notre vie. Nous ne sommes pas toujours un plaisir pour nous-mêmes. Comme l'affirme Nietzsche, dire oui à un plaisir n'est-ce pas dire oui également à la douleur [11]. Si nous aimons la force qui nous habite et nous porte en avant, nous devons aimer également la faiblesse qui elle aussi nous soutient à sa façon, force et faiblesse étant inséparables. La tragédie de l'existence n'est pas contraire à la joie. C'est parce qu'on est hypersensible et qu'on a l'âme à vif qu'on est sensible aux petits riens merveilleux et terribles de la vie. C'est comme pour l'extase de sainte Thérèse représentée par Le Bernin. S'agit-il de souffrance ou de jouissance ? Ou ne s'agit-il pas plutôt d'un état indécidable où la frontière est mobile et le passage continu entre les deux ? N'est-ce pas dans les moments de grande fragilité et vulnérabilité qu'on est le plus ouvert à tout ce qui arrive et qu'on est le plus vivant, tout à la fois émerveillé et terrifié ? Puisque tout semble nous avoir été enlevé, nous n'avons rien à perdre, rien à protéger, et nous pouvons donc nous ouvrir pour

11. F. Nietzsche, *Ainsi parlait Zarathoustra*, *op. cit.*, p. 376.

recevoir ce qui est gratuit et n'a pas de prix. C'est parce que rien n'est acquis, qu'on peut trébucher à tout instant, que ce qui arrive est une telle grâce. Nous nous blasons de ce qui va de soi. Jamais une chose n'est aussi précieuse que lorsque nous sommes menacés de la perdre. Comment parvenons-nous tout de même à passer au travers ? Comment parvenons-nous tout de même à être heureux ? Il est vrai que la vie est impitoyable, mais c'est qu'elle donne sans compter, aussi bien en « bien » qu'en « mal ».

Un grand malheur peut nous libérer totalement en faisant sauter d'un coup les carapaces qui étouffent notre vie. Celles-ci tombent, il n'y a plus qu'un flux continu de la rue à nous, de nous au paysage, on ne se sent pas sur une île, mais on est aussi la mer qui entoure l'île et les bateaux qui voguent sur la mer. « *À présent je peux tout laisser venir à moi, vraiment tout, sans avoir besoin de me défendre, je ne me défends plus, c'est ça* [12]. » Nous sommes constamment tendus, en train de faire un effort, dans la crainte de tel événement, dans l'attente de tel autre. Nous voulons accomplir, nous ne voulons pas nous faire avoir... Un grand malheur peut venir chambarder tout ce système de défense. Puisqu'il nous dépasse, nous sommes obligés de nous abandonner. En nous abandonnant, nous pouvons laisser entrer ce que nous bloquions ou refoulions. Sans le savoir, et en pensant réaliser le contraire, nous faisions nous-mêmes notre malheur. Nous nous accrochions à un système de défense qui nous étouffait et nous paralysait. C'est quand nous n'avons plus rien à perdre ni à protéger que ce que nous poursuivions désespérément peut nous

---

12. T. Bernhard, *Maîtres anciens*, traduit par G. Lambrichs, Paris, Gallimard, « Folio », 1988, p. 245-246.

être donné. Un grand malheur peut faire tomber les barrières qui nous séparent du monde. Notre énergie se dépense stérilement en ce sentiment d'être coupé, en cet effort pour se protéger. Quand les digues tombent, l'énergie coule librement, et augmente de couler ainsi sans entraves… Il s'agit d'une autre illustration du caractère illogique de l'existence. C'est quand toutes les conditions sont là pour être heureux que nous trouvons le moyen d'être malheureux. Un nouvel objet nous comble et nous enchante, mais voilà que dans la même mesure nous sommes inquiets, car nous avons peur de le perdre. Parce que les conditions sont bonnes, nous trouvons encore à redire et les voudrions meilleures encore. Puisqu'elles sont bonnes, elles peuvent donc devenir meilleures, il suffit d'aller plus loin, d'étendre davantage ces conditions, de les rendre plus étanches encore. N'est-ce d'ailleurs pas la logique de toute notre société : plus, encore plus, toujours plus ?

Chapitre 4

FRAGILE ACCOMPLISSEMENT

Toute vie est un défi et une expérimentation. Peut-être n'est-elle, comme l'affirme Kundera, qu'une esquisse dont on ne voit jamais l'œuvre achevée. La vie est toujours inachevée, car sa fin ne *clôt* pas, mais *rompt*. L'homme a d'autant plus de mérites d'être de la sorte, en tout ce qu'il entreprend, un perpétuel aventurier. Il est toujours surpris de ce qui arrive. Rien jamais n'est acquis. C'est comme pour la fin de la *Recherche du temps perdu* où les personnages se retrouvent distribués en de nouvelles donnes. Ou comme pour la transformation du boulanger, celle d'êtres contigus qui se retrouvent, après des années, aux antipodes l'un de l'autre[1].

---

1. Sur la transformation du boulanger, on consultera I. Prigogine et I. Stengers, *La nouvelle alliance*, Paris, Gallimard, « Folio », 1986, p. 395-413. « Deux points infiniment voisins finiront toujours, au cours d'une succession de transformations, par connaître des destins divergents » (p. 398).

Certes, l'aventure excite, mais elle est souvent terrible, car elle jette l'homme en bas de ses espoirs les plus fous, elle lui enlève ce à quoi il tient le plus. Elle est cruelle. Mais elle est aussi merveilleuse. Car, puisque tout est expérimentation et qu'il n'y a jamais d'œuvre achevée, l'homme n'a rien à perdre. Les erreurs font partie de l'expérience et sont nécessaires pour avancer. L'important en effet n'est pas d'échouer ou de réussir, mais d'aller de l'avant, de relever le mieux possible, dans les circonstances données, les défis qui se présentent. Rien n'est acquis. Une épée de Damoclès est suspendue au-dessus de notre tête. Nous pouvons trébucher tout à l'heure, être terrassés. Nous avons beau calculer, organiser, rationaliser, prévoir, une grande partie de ce qui arrive ne dépend pas de nous, et peut donc nous paraître totalement injuste en regard de ce qui précède et de ce que nous attendons. La vie a quelque chose qui tient de la loterie. Une fois de plus, le règne du Dieu-hasard. Des éléments sont en lutte au-dessus de notre tête, dans quelque empyrée, ou dans les mouvements microscopiques de la matière, et nous faisons les frais des issues de cette lutte. Comme l'écrivait déjà Héraclite : « Le combat est père de tout, roi de tout. Les uns, il les produit comme des dieux, les autres comme des hommes. Il rend les uns esclaves, les autres libres [2]. » Nous ne pouvons pas être en sécurité, ou la sécurité est une illusion. Nous valsons sur une corde raide. Il n'en résulte pas nécessairement de la tristesse,

---

2. Dans Y. Battistini, *Trois présocratiques*, Paris, Gallimard, « Tel », 1988, p. 37. Borges imagine une cité où les fortunes, les promotions et les destitutions, les postes de commande et les peines de prison, même la mort, sont l'objet d'une loterie. N'est-ce pas là la caricature de notre monde même ? Voir « La loterie de Babylone », dans *Fictions*, Paris, Gallimard, « Folio », 1957.

car puisque rien n'est certain l'instant présent devient d'autant plus précieux. Puisque nous allons mourir et que la mort nous talonne depuis que nous sommes nés, la vie est un don que nous apprécions comme jamais. Parce qu'elle est un don qui peut nous être enlevé à tout moment, nous l'apprécions comme un merveilleux et terrifiant mystère.

Nous ne possédons pas l'avenir et ne possédons plus le passé, tout ce que nous avons est cet instant insaisissable et fuyant, celui-là même dans lequel je pense, éprouve, entre en relation, écrit, aime. Cet instant est fragile, il peut tomber soudain dans un gouffre, conduire à la catastrophe. Tout ce que j'ai maintenant peut m'être brutalement enlevé. Toute la certitude, la confiance, la sécurité que je ressens, toute la désinvolture, l'inconscience peuvent voler en éclats sans crier gare. Je vis dans une bulle, mais celle-ci est ouverte de toutes parts sans que je ne m'en rende compte. C'est le cas pour tous, et non seulement pour moi. L'inconscience qui protège chacun est en même temps ce qui le rend tellement vulnérable. Chacun donne le change, mais derrière son masque de force, il tremble d'inquiétude et d'incertitude. C'est ce qui nous fait éprouver une grande compassion pour chacun. Celui-ci peut si facilement être précipité d'une apparente sérénité dans la détresse. Les points de repère qui nous permettent d'avancer à l'aveuglette peuvent nous être enlevés. Le présent est notre seul salut, notre seul lot, notre seul lieu, fragile lui aussi, incertain, toujours à demi vécu, donc à demi présent lui-même, ne cessant de passer, aux prises avec tous les défis, ouvert à toutes les rencontres de hasard. D'un certain point de vue, il est toute la vie, et comme elle, infiniment précieux en sa fragilité même. Ce qui veut dire, concrètement, court-circuiter tant de faux problèmes qui empoisonnent l'instant, qui empoisonnent la vie. Débarrasser la vie de tout le fardeau psychique qui la grève stérilement. Si nous n'avons que l'instant, que celui-ci soit léger et joyeux autant que possible! Qu'il soit le plus intensément vivant! Parfois, il est tragique. Qu'il le soit le plus complètement, le plus parfaitement possible! Même l'instant tragique est vivant. Nous ne pouvons pas contrôler tout ce qui nous arrive. Mais nous pouvons tenter de le vivre du mieux que nous pouvons.

Combien nous sommes fragiles! Combien un rien peut nous déboussoler, nous déséquilibrer! Comment parvenons-nous à vivre, fragiles comme nous sommes? Notre force est notre faiblesse. Nous sommes trop conscients, trop sensibles. Nous nous installons dans des habitudes, comme un enfant. Nous y trouvons une sécurité, illusoire malheureusement. Cette sécurité peut si facilement être remise en question. Après avoir trôné au ciel, nous sommes précipités dans les gouffres de la terre. Nous devons nous relever si nous voulons continuer à avancer. Mais nous avançons comme nous marchons sur la terre. Notre point d'arrivée est notre point de départ. Mais l'important, c'est précisément ce qui se passe entre les deux. Tout le sens se trouve entre deux absurdités. Si l'on regarde le point de départ et le point d'arrivée en effet, la question se pose: à quoi bon? Tout ce qui peut arriver de bon, à savoir de joyeux, se trouve entre les deux.

La faiblesse ou la fragilité de l'homme n'est pas un prétexte pour ne rien faire ou se laisser aller. Au contraire, c'est parce qu'il est faible que l'homme n'a rien à perdre et qu'il doit mettre toutes ses forces dans le combat de la vie. Il doit vivre avec les moyens du bord. Il n'a qu'une vie, cela aussi fait partie de sa faiblesse ou finitude. Et cette vie est d'autant plus précieuse. Il l'a entre ses mains. Il y a donc une urgente nécessité de court-circuiter les faux problèmes afin de ne pas gaspiller stérilement ce temps court et précieux qui lui est imparti pour jouir et pour souffrir. Qu'est-ce que l'homme fait de sa vie? Voilà la véritable question éthique. La vit-il en y mettant toute son énergie disponible, ou plutôt en attendant? En attendant quoi? Que ça passe? Que la mort arrive enfin? Que la vraie vie commence enfin? Tout le temps que l'homme attend, l'attente est son seul lot sur terre. Au lieu d'attendre les réponses, mieux vaut brûler les questions. Et que, de notre propre brasier, sortent nos réponses. Constater la fragilité de l'homme ne conduit donc pas à la résignation, bien au contraire, en nous mettant en contact avec ce que nous sommes vraiment en deçà de tous les masques aménagés, ce constat nous confère une nouvelle force qui nous permet d'empoigner la vie, d'y tracer notre voie unique et d'y faire entendre notre voix singulière.

En nous accomplissant, nous donnons, en donnant, nous nous accomplissons. Plus nous sommes nous-mêmes, plus nous aidons les autres. Il n'y a ici aucune contradiction entre égoïsme et altruisme. En allant au fond de nous-mêmes, nous touchons à la nature humaine qui se trouve en chacun et nous aidons donc les autres à prendre également contact avec leur force secrète, celle qui touche directement leur fragilité. Cette énergie de l'accomplissement de soi est aussi compassion. Cette compassion est contact intense, le même contact intense avec autrui que celui que l'on a avec soi. «Je est un autre», je me reconnais dans le *je* de l'autre, bien plus peut-être qu'il ne se reconnaît lui-même, car peut-être est-il bloqué à une image de lui-même, alors que je le vois en deçà de cette image, là où je suis moi-même en deçà de la mienne. Il faut en effet traverser cette croûte qui enferme chacun en lui-même. En deçà de cette croûte, nous sommes fondamentalement semblables.

Une fois de plus, il ne s'agit pas ici du fantasme de la sagesse ou de la sainteté. Celles-ci ne sont que des idéaux alors qu'il s'agit toujours de partir de la réalité telle qu'elle est, de se plonger le plus profondément en elle à l'encontre de toutes les illusions, de toutes les faussetés, de tous les masques. Certes ceux-ci existent toujours, et il n'est sans doute pas possible d'atteindre le visage nu. Car celui-ci est peut-être encore un masque[3]. Mais il s'agit justement d'enlever les masques, sans prétendre accéder à la réalité nue. Sagesse et sainteté sont des masques à enlever. La vérité, ici, n'est pas un résultat mais un processus, celui d'avancer, d'apprendre sans cesse, à savoir de s'enfoncer toujours plus profondément en ce qui est. Et pour s'y enfoncer,

---

3. Qu'y a-t-il derrière les masques ? Quelque chose ou rien ? N'y a-t-il pas toujours un labyrinthe au fond du labyrinthe, une autre strate derrière la strate, un autre masque derrière le masque ? « Il y avait encore des millions et des millions de choses qui ne s'étaient pas révélées à Pierre. La vieille momie est enfouie sous de multiples bandelettes ; il faut du temps pour démailloter ce roi égyptien. Parce que Pierre commençait à percer du regard la première couche superficielle du monde, il s'imaginait dans sa folie qu'il avait atteint à la substance non stratifiée. Mais, si loin que les géologues soient descendus dans les profondeurs de la Terre, ils n'ont trouvé que strates sur strates. Car, jusqu'à son axe, le monde n'est que surfaces superposées. Au prix d'immenses efforts, nous nous frayons une voie souterraine dans la pyramide ; au prix d'horribles tâtonnements nous parvenons à la chambre centrale ; à notre grande joie, nous découvrons le sarcophage ; nous levons le couvercle et... il n'y a personne. L'âme de l'homme est un vide immense et terrifiant » (H. Melville, *Pierre ou les ambiguïtés*, traduit par P. Leyris, Paris, Gallimard, « Les classiques anglais », 1967, p. 346).

il faut en partir. Partir de cela même qui nous étouffe, nous angoisse, nous sollicite, nous provoque, nous affecte, nous fait penser. C'est en partant du plus près qu'on peut aller le plus loin.

La vie est un défi, et nous n'avons d'admiration que pour ceux qui savent relever le défi, qui vont de l'avant en dépit des obstacles, qui luttent même contre un ennemi plus fort qu'eux. Nous n'admirons pas ceux qui réussissent, mais ceux qui luttent, même s'ils échouent et sont vaincus. S'ils sont vaincus, c'est le signe que leur lutte était d'envergure. Et leur échec parle pour leur courage. Pour échouer en effet, il faut oser, risquer, il faut affronter un ennemi de taille. Comme le dit admirablement Beckett : « Être un artiste est échouer comme nul autre n'ose échouer [4]. » C'est échouer parce qu'on cherche l'impossible, et qu'en le cherchant on est tout de même amené à réaliser quelque chose qui nous dépasse. Il est tout de même curieux que ce soient précisément ceux qui ont réussi des œuvres admirables qui aient un tel sentiment d'échec. Deux artistes que nous admirons, Miller et Giacometti, avaient cette forte impression d'échouer sans cesse. Et s'ils ont effectivement échoué, c'est en regard de normes qu'ils se donnaient eux-mêmes [5]. Certes, celui qui ne risque rien n'échoue pas, mais que réussit-il ?

Nous n'aimons pas ceux qui n'ont pas le sentiment d'être dépassés par quelque chose qui les attire en avant,

---

4. S. Beckett, *Bram Van Velde*, Paris, Le musée de poche, 1958, p. 14.

5. « Peut-être que je suis une espèce de génie manqué, même si je n'ai pas échoué au sens qu'ils donnent à ce mot, mais au sens que je lui donne, moi » (Kleist, *Correspondance complète : 1793-1811*, traduit par J.-C. Schneider, Paris, Gallimard, « Du monde entier », 1976, p. 238).

qui se satisfont trop facilement d'une situation qui laisse pourtant tellement à désirer. Nous n'aimons pas ceux qui naissent riches et que la richesse, trop souvent, rend arrogants. Ils croient que celle-ci leur est d'autant plus due qu'ils n'ont fait aucun effort pour l'obtenir. Il leur faut une bonne dose d'insensibilité pour ne pas mettre en question les bases de leur richesse. Car ils savent au fond d'eux-mêmes, mieux que quiconque, combien la société est fondée sur l'injustice. Nous n'admirons pas non plus ceux qui s'avèrent vaincus d'avance, ceux qui échouent sans combattre, car là non plus il n'y a pas de risque. L'échec peut en effet être assez confortable et servir d'alibi pour ne rien faire. C'est ainsi que les pessimistes, les blasés, les amers se la coulent finalement assez douce derrière leur malheur. Pas besoin de faire quoi que ce soit puisque rien ne vaut la peine.

Nous aimons l'homme qui part du plus près, du plus bas, et qui avance, l'homme tombé et effondré qui se relève, l'homme courbé qui lève la tête, l'homme enfermé et emprisonné qui lutte pour se libérer. Nous aimons les pauvres, les exclus, les exploités, non en tant que tels, mais en tant qu'ils luttent pour sortir de la situation dans laquelle ils se trouvent. N'est-ce pas là le sort même de l'artiste et du philosophe, en partie également celui du savant, et en fait le sort emblématique de l'humain ? À partir de l'inconnu, essayer de comprendre, à partir du chaos, créer un cosmos, à partir de l'impasse, produire une ligne de fuite, à partir du problème, inventer une solution, à partir de la maladie, trouver un remède, à partir du silence et de la rumeur chaotique, tracer une ligne de création et d'écriture, à partir de ce qui ne cesse de passer, laisser des traces durables, à partir de l'absurdité, donner un sens…?

Nous aimons ceux qui traversent le désert pour atteindre l'oasis, ceux qui séjournent une longue saison en enfer pour goûter un peu de paradis, ceux qui jettent des milliers de mots sur le papier pour une phrase qui se tienne debout. Dans la lutte, l'homme devient un héros. Un héros malgré lui, propulsé en avant par la force même de son ennemi. Il va chercher en lui des forces dont il ne soupçonnait pas l'existence. Il s'élève au-dessus de lui-même. En regard de l'image de l'homme qui prévaut, être de consommation et de divertissement, l'homme qui lutte est « surhumain ». L'homme a le droit d'être fier, mais aucun d'être orgueilleux ou vaniteux. Car s'il est grand, c'est à partir de sa petitesse, s'il est fort, c'est à cause du défi que lui lance sa faiblesse. Il peut donc être fier de faire tout ce qu'il peut, avec les moyens dont il dispose, pour vivre au mieux sa condition.

L'homme que nous admirons ne pavoise pas. Ce n'est pas celui qui porte une aura d'autorité, de bonne conscience, de prétendue force. Bien au contraire, tout le charme de quelqu'un réside en sa vulnérabilité, là où il s'échappe à lui-même, là où il est soulevé par des forces plus grandes que lui, là où il est un peu fou, là où il est enfant et animal. L'homme que nous admirons est celui qui avance en trébuchant, le gaffeur, tel un personnage de comédie, Charlie Chaplin ou Buster Keaton, l'inadapté léger ou joyeux doué d'une intelligence pénétrante capable de déjouer les obstacles, celui qui garde la tête haute en dépit de l'épreuve, tel le héros de la tragédie grecque, par exemple Œdipe[6], ou qui

---

6. Œdipe sait qu'il n'est pas coupable du malheur qui l'affecte. « Mes actes, je les ai subis et non commis », affirme-t-il fièrement (*Œdipe à Colone*, dans Sophocle, *Tragédies*, traduit par P. Mazon, Paris, Les Belles Lettres, « Le livre de poche », 1962,

persévère, continue d'avancer, même si le but semble inaccessible, tel Ulysse. C'est le chevalier errant de Chrétien de Troyes et de Cervantès, l'idiot de Dostoïevski, l'homme sans qualités ou sans particularités de Musil, l'alcoolique de Lowry, le drogué de Burroughs, l'immature de Gombrowicz, le clochard de Beckett, l'aliéné de Miron, la femme au bord de la crise de nerfs de Plath... Dans tous les cas, des êtres confrontés à des difficultés qui sont celles-là mêmes de la condition humaine ordinaire, et qui luttent. Non des êtres qui triomphent, qui se complaisent, non des esthètes, mais des prolétaires de l'existence qui font l'expérience de ce que la vie comporte de plus difficile, et pour qui l'épreuve même est un tremplin qui les propulse en avant. Tous ces écrivains ont précisément écrit à partir de leurs empêchements, de leurs impossibilités, de leurs failles et défaillances. Ils ont tiré leurs chefs-d'œuvre de leurs difficultés de vivre. C'est parce qu'ils ont su s'ouvrir à celles-ci et les laisser se déployer qu'ils ont été amenés à se dépasser. Ils ont su utiliser la force de l'ennemi pour faire un pas de plus. Ces écrivains s'accrochent à la ligne de création comme le simple vivant s'accroche à la ligne d'oxygène, comme le

---

p. 422). Il précise : « J'ai subi le crime, bien contre mon gré [...].
Rien dans tout cela ne fut volontaire » (p. 433). Il n'effectue pas
le lien qui, pour le christianisme, ira de soi, entre malheur et faute.
Soit dit en passant, un tel lien est une application morale du grand
principe rationaliste : *Nihil est sine ratione*. Œdipe est au contraire
conscient de sa foncière innocence ainsi que de celle du devenir.
Tout au plus peut-on invoquer le Destin ou l'acharnement des
dieux. Mais il y a, dans tout cela, quelque chose d'arbitraire et qui
tient de l'accident ou du hasard, du plus absurde des concours
de circonstances. Qu'est-il laissé à l'homme ? De subir dignement
l'épreuve. Et la dignité consiste à prendre l'épreuve dans sa gratuité
et son absurdité, sans la ternir par l'idée d'une faute ou d'une
culpabilité.

mourant même s'accroche à la mince ligne de vie qui
le retient encore. Comme, peut-être, la Nature elle-
même, ou Dieu, s'accroche à la ligne de création en quoi
Elle ou Il consiste. La Nature ou Dieu, en effet, bien
avant d'être des ensembles infinis d'objets, sont un
mouvement ou un processus d'autocréation sans commencement ni fin. Et chaque fragment de cette Nature
ou de ce Dieu participe du même mouvement. Quelle
libération de se sentir partie intégrante d'un tel processus infini et éternel ! L'écrivain, là où il se trouve, avec
les moyens du bord, tente de jouer son rôle du mieux
qu'il peut. Qu'il soit ce qu'il est, comme Dieu ou la
Nature, que lui aussi avance pour la pure jouissance
d'avancer !

Chapitre 5

TRAGIQUE ET ÉCRITURE

Even an artist knows that his work
was never in his mind,
he could never have *thought* it before
it happened.
[...]
God is a great urge, wonderful,
mysterious magnificent
but he knows nothing before-hand.
His urge takes shape in the flesh,
and lo!
it is creation! God looks himself on
it in wonder, for the first time.

D. H. LAWRENCE

Constamment nous faisons intervenir l'écriture. Comment ne pas parler de ce que nous sommes en train de faire? Nous parlons de la vie et des différentes questions qui se posent en elle. Nous abordons tel ou tel sujet plus particulier. Mais nous ne pouvons pas

oublier que nous écrivons. Ou si nous l'oublions, ce
n'est que pour un temps. Car le fait même d'écrire
intervient directement sur ce dont nous parlons. C'est
parce que nous écrivons que nous réfléchissons à la
fragilité, à l'amour, à la création, à la mort... Car l'acte
d'écrire engendre son contenu, le pousse plus avant.
Il insuffle une qualité dans la vie. On pense parfois que
celui qui écrit se coupe de la vie pour s'enfermer dans
une tour d'ivoire. Tout dépend, bien sûr, de quelle
écriture on parle, mais celle dont il est question ici
est au contraire une façon d'entrer plus intensément en
relation avec la vie en sa quotidienneté, en toutes ses
facettes, tous ses aspects, même les plus ordinaires et
triviaux. Car l'écriture a justement comme pouvoir de
transformer l'ordinaire en extraordinaire, l'éphémère
en monument. Cela a toujours été la fonction de l'art
que de transformer la laideur en beauté, le mesquin en
sublime, l'individu ordinaire en héros. Alors, il faut
parler de ce processus de transformation opéré par ce
que nous sommes en train de faire, et qui fait donc
partie intégrante de tout ce dont nous parlons. Non pas
que ce dont nous parlons soit, dès lors, une pure
invention, un produit de l'écriture. Mais plutôt, le
moyen d'investigation qu'est l'écriture permet de
trouver ce que nous ne pourrions trouver sans lui.
Comme un télescope n'invente pas les étoiles et les
galaxies, mais permet de les voir. Comme l'amour
n'invente pas tel trait de caractère de la personne aimée,
mais permet de le découvrir. Soit dit en passant, loin
que l'amour aveugle, il confère une proximité qui
permet de voir ce que ne peuvent pas voir ceux qui,
n'aimant pas, sont situés trop loin. Pour connaître en
profondeur en effet, et simplement pour voir, il faut
aimer. L'amour est l'ouverture des sens et de l'esprit.

Certes, l'écriture comme l'amour ont ceci de différent du télescope qu'ils sont immanents à la réalité qu'ils explorent. Le trait de caractère que nous voyons et aimons est inséparable de la relation amoureuse même. De même, l'acte d'écrire est indissociable de ce qui est écrit. Comme nous le dit D. H. Lawrence, le créé ne préexiste pas à la création. L'artiste ne sait pas d'avance ce qu'il va accomplir. Même Dieu comme processus d'autocréation ne sait pas à l'avance ce qu'il va créer, donc ce qu'Il est. Il se découvre en se créant. L'écriture permet d'explorer les différents éléments de la vie tout en ce que son processus même soit un élément essentiel de cette même vie. Grâce à elle nous pouvons entrer en eux et ouvrir des portes au fond de leurs labyrinthes, même si ces portes conduisent à d'autres labyrinthes. C'est aussi grâce à elle qu'un lecteur peut en prendre connaissance [1].

---

1. La plus grande partie du propos de Derrida porte précisément sur cette question de l'écriture. Selon celui-ci, l'écriture nous met dans la différance, la dissémination, la supplémentarité. Puisque tout est écriture, y compris nous-mêmes, nous sommes constamment dans l'après-coup, l'entre-deux, l'à-côté. La philosophie de Derrida nous semble une variante de l'hégélianisme : l'immédiateté, comme la présence, est impossible, nous sommes dans l'écart, la distance, la médiation, la métaphore. Cette vérité, sans doute elle-même fêlée, est reprise et disséminée en très long et en très large. Puisqu'il n'y a que de l'écriture, penser est commenter, et commenter le commentaire du commentaire (ce en quoi notre philosophe demeure à l'intérieur de la tradition métaphysique malgré toutes ses tentatives de déconstruction — ce qu'il fait réfute ce qu'il dit). Dès lors, non seulement on n'en finit jamais avec rien, mais on ne commence à proprement parler jamais, puisque d'abord il n'est même pas possible de « proprement » parler (étant d'emblée dans la métaphore). On marche au bord de l'abîme des textes, dans le doux vertige de l'ironie, s'alimentant aux jeux de mots sur le signifiant (la rhétorique contre la sobriété). Ce faisant, non seulement on « répète »,

Cela dit, l'écriture n'est pas une panacée. Elle accompagne la vie, en plus d'en faire partie, mais ne s'y substitue pas. En d'autres mots, la partie ne se prend pas pour le tout, ou pour un modèle ou une norme du tout, ce qui serait encore de l'idéalisme. C'est toujours la vie, une émotion, un événement, un défi, une épreuve

---

mais le lecteur peut même prévoir ce qu'il va lire. Tout cela est peut-être finalement assez rassurant, ce qui expliquerait, entre autres choses, la vogue de ce philosophe en terre libérale et capitaliste d'Amérique, y compris au Québec. Celui-ci a compté quelques professeurs qui ont enfourché, toute leur carrière, leur *derridada*. Derrida, en effet, ne se présentait-il pas comme la plus courte voie détournée vers l'ancien idéal ? Remplacer Dieu par le signe « Dieu », même barré ou crucifié, n'était-ce pas une façon habile de perdre la foi tout en demeurant dans l'entre-deux, tout en jouant complaisamment de l'écart et du signifiant ? N'était-ce pas un rôle similaire que Kant avait joué auprès des théologiens de son temps, dans son cas, limiter la connaissance pour permettre la foi ou la croyance : si l'on ne peut savoir que Dieu existe, on ne peut, non plus, savoir qu'il n'existe pas ? Pour en revenir au présent, la « déconstruction » reste, à nos yeux, réactive et nihiliste. Elle consiste, en grande partie, en un meurtre jamais consommé du père Heidegger, afin d'affirmer qu'on est quelqu'un de différent, avec sa propre pensée et sa propre originalité ; mais ces dernières ne se constituent qu'en réaction, que par déconstruction, donc toujours à la remorque de ce dont elles cherchent à se démarquer. La « déconstruction » s'inscrit dans l'interminable mélopée des critiques de la vie, même teintée d'ironie. Alors que l'écriture dont nous parlons cherche à s'inscrire plutôt dans le chant des créateurs de vie, créateurs de nouvelles possibilités de vie. Mais la « vie », objecterait l'esprit critique, voilà sans doute encore un concept métaphysique à déconstruire. En attendant, et tout en déconstruisant les concepts et les textes, on demeure étrangement insensible à certains comportements *vivants*, comme une recherche excessive de visibilité, une publication effrénée, un marivaudage proprement intellectuel — Descartes et Marivaux comme les deux figures emblématiques d'une France claire et distincte, folâtre et frivole, ou encore, pour prendre les exemples en peinture, Poussin et Watteau (ou Fragonard) —, un sentimentalisme de bon aloi, un narcissisme aussi exhibé qu'inavouable, un besoin un peu maladif de séduire et d'être aimé.

venus de la vie qui mettent en branle l'écriture et la font bifurquer en telle ou telle direction. Écrire confère une certaine forme au chaos de la vie, mais ne l'élimine pas. Le chaos reste chaos et se reconstitue sans cesse dès que l'on cesse d'écrire. Le chaos, en effet, n'est qu'un autre nom pour ce qui est, quand on le prend tel qu'il est, en dehors de toute interprétation humaine, de toute attente, de toute illusion, de toute justification, de toute rationalisation. Et c'est parce qu'il se reconstitue sans cesse qu'on se met de nouveau à écrire pour y faire face du mieux qu'on peut, pour y trouver un certain ordre et pouvoir continuer à vivre, non seulement survivre, mais encore mener une vie affectée par la joie où l'esprit trouve tout autant son compte que le corps.

Écrire effectue un travail d'éclaircissement, même si celui-ci passe souvent par une destruction des évidences et des présumées clartés de la scène sociale et médiatique, des vérités toutes faites transformées en clichés, même s'il se fait en direction de l'obscur, même s'il s'agit, comme nous le disions dans un chapitre précédent, d'un éclaircissement de l'obscur en tant que tel, donc en le soulignant bien loin de le réduire. L'esprit en éprouve une joie et une légèreté, d'avoir ainsi l'impression d'être partie prenante du processus cosmique de création d'imprévisible nouveauté, et pas seulement d'être partie prise et prisonnière comme il en a trop souvent l'impression, quand il se vit comme une victime de ce qui arrive, victime dépassée et qui ne comprend pas grand-chose à la vaste «farce cosmique», pour parler comme Jack London. Chaque fois qu'il est confronté à une épreuve qui l'écrase, l'esprit est perdu. Comment pourrait-il y comprendre quelque chose? En fait, il n'y a rien à comprendre, voilà souvent en quoi consiste précisément le secret ou le sens du phénomène. Tant qu'on cherche à comprendre, ça n'a pas de sens. La valeur de l'écriture ne réside pas principalement dans sa fonction cognitive. Mettre en forme, dessiner un profil, créer un cosmos n'est pas comprendre. Créer n'est pas connaître. À la limite, il serait plus près de contempler.

Créer est en soi libérateur et se suffit à soi-même. Le créateur n'a pas besoin de connaître ou de comprendre ce qu'il crée. Ainsi les humains engendrent en participant à un processus de création qui les dépasse de toutes parts, qu'ils constatent mais qu'ils ne peuvent pas réellement comprendre. N'est-ce pas également le cas des artistes qui sont parfois bien en peine d'expliquer ce qu'ils font, et qui n'ont pas grand-chose à dire sur leur œuvre, celle-ci se suffisant à elle-même, parlant pour elle-même et étant l'objet de diverses interprétations, dont celle de l'artiste créateur n'est pas toujours la plus profonde ? C'est aussi le cas du scientifique et du technicien qui produisent des théories opérationnelles et des inventions qui fonctionnent, mais dont l'efficacité les étonne eux-mêmes. Les explications scientifiques elles-mêmes ne s'expliquent pas. Si tout a une cause, la série des causes n'a elle-même pas de cause. Si tout obéit à une loi, la série des lois n'obéit pas elle-même à une loi. Si tout se réduit à des « atomes », pris au sens littéral d'« êtres ou de fonctions insécables », les atomes eux-mêmes ne se réduisent à rien. C'est comme dans la perspective religieuse : si tout s'explique par Dieu, Dieu lui-même est incompréhensible. À la limite, l'homme constate mais ne comprend pas. Comme l'affirmait Einstein, le monde est peut-être compréhensible, mais c'est justement cela qui est incompréhensible. Comme l'a bien vu Nietzsche, créer est un acte plus profond que connaître, puisqu'il se trouve aussi au soubassement de toute connaissance. Il faut d'abord qu'il y ait création pour qu'il y ait ensuite quelque chose à connaître. La connaissance elle-même est au bout du compte une création qui ne se comprend pas. Dieu lui-même, s'Il existe, est un processus d'autocréation qui ne se connaît pas puisqu'il est apparition continuelle d'imprévisible nouveauté.

Toute sa vie, l'écrivain-philosophe cherche à comprendre la logique, ou plutôt les multiples logiques, diverses, hétérogènes de la vie. L'important n'est pas tellement le résultat, mais le processus même. Comprendre est peut-être la finalité avouée, mais la création est le moyen, le milieu, le chemin ou le processus. Finalement, on chemine toute sa vie sans aboutir à la finalité visée. Autrement dit, l'important est la tension présente qui nous permet d'avancer, et non la présumée détente vers laquelle on tend. Car cette détente dût-elle être atteinte, on cesserait d'avancer et on se mettrait à croupir sur place. Autrement dit encore, seule la mort est parfaite, la vie est forcément imparfaite, c'est précisément en cela que réside sa « perfection », au sens spinoziste où perfection = réalité. C'est avec les moyens du bord que nous cheminons. C'est parce que nous ignorons que nous sommes dans l'étonnement, qui est une forme de joie. Chaque fois que nous savons, ou plutôt que nous prétendons savoir, nous tombons dans une sorte de mort. La vie va de l'avant grâce à l'ignorance. Non pas une ignorance crasse, mais une ignorance savante, pour emprunter cette distinction à Pascal. Non pas l'ignorance de celui qui s'installe dogmatiquement dans son ignorance comme un autre dans son savoir, mais l'ignorance de celui qui apprend toute sa vie à vivre, et qui donc demeure toute sa vie étonné, surpris, parfois aussi horrifié et terrifié (ce sont les faces sombres de l'étonnement).

La vie est une énigme, et donc nous sommes une énigme pour nous-mêmes. Nous cherchons tout de même à comprendre une partie de la logique de la vie. Non pas que nous comprenions jamais, mais nous ne cessons d'avancer sur la voie de la connaissance. Cet acte d'avancer consiste paradoxalement à en savoir moins et à avoir moins besoin de savoir. L'ignorance est une meilleure compagne que le savoir et c'est avec cette compagne fidèle que nous cheminons toute notre vie. Elle demeure à nos côtés alors que le compagnon-utopie, le compagnon-fantasme, le compagnon-certitude, le compagnon-orgueil, le compagnon-opinion, le compagnon-savoir, le compagnon-croyance, etc., nous abandonnent.

L'apprentissage de la vie consiste à en savoir moins pour avoir l'esprit d'autant plus libre et disponible pour comprendre le nouveau, l'inédit, l'inouï, l'imprévu. Le nouveau est aussi ce qui est déjà là, mais qu'on n'a pas encore vu. On ne l'a pas vu parce que notre vision est obnubilée par ce qu'elle voit déjà ou qu'elle croit voir. Une fois de plus, est posée ici la question du changement dont nous avons déjà parlé, changement qui peut s'effectuer sur place, non pas demain ou ailleurs, mais sur-le-champ. Comme un déplacement de perspective, ou comme ces figures multiples données comme illustrations par la psychologie de la forme, où la perception passe de l'une à l'autre, tantôt telle forme se trouvant devant, tantôt derrière, selon la direction de l'attention. Il en est de même dans l'existence en général. Tantôt c'est tel élément qui prend toute la place, cachant tous les autres, tantôt un de ceux-ci monte à l'avant-plan, jetant à l'arrière celui qui s'était précédemment avancé. C'est ce qui explique qu'on puisse avoir tant de difficultés à comprendre le moindre événement, et qu'il y ait tellement de façons de le voir ou de le saisir, sans qu'aucune de celles-ci ne soit exhaustive. La réalité émet une lueur chatoyante et miroitante, et tantôt nous sommes aveuglés par tel reflet, tantôt par tel autre. Même quand nous pensons comprendre un peu et que nous nous installons dans un certain confort, les aléas et accidents de la vie se chargent de nous déranger et de nous déséquilibrer, venant jeter par terre le château de cartes patiemment érigé. Nous construisons des maisons solides dans lesquelles nous nous abritons et un subit tremblement de terre, survenant sans cause et sans raison, vient détruire notre sécurité chèrement acquise. Mais justement, elle n'était pas acquise ou ne l'était qu'illusoirement, que temporairement.

Telle est la tragédie de l'existence qu'on ne puisse se fonder sur rien, que les fondements eux-mêmes soient sans fondement ou sans fond. Que les contrats que nous signons pour défier le temps soient eux-mêmes détruits par le temps. Que les idées d'éternité et d'immortalité meurent avec l'esprit qui les porte. Que la plus belle relation puisse dégénérer d'elle-même, par la force d'une certaine inertie, ou qu'elle soit constamment menacée, fût-ce par la mort. Et de notre prétendue compréhension, nous sommes de nouveau jetés dans l'ignorance, de notre prétendue sagesse, nous sommes de nouveau jetés dans la folie. Un rien jette en l'air notre plus bel équilibre. Il nous faut reprendre le chemin, nous relever de notre chute, trouver tout de même sens et joie à l'absurdité. Il faut vivre quand même, même si la mort

n'est repoussée que pour un temps. Mais n'est-ce pas
là une définition de la vie : ce qui se trouve au milieu,
entre deux morts, celle d'avant et celle d'après ? Et dans
l'entre-deux, il nous faut cheminer comme si on allait
quelque part, il nous faut nous faire du souci comme
si c'était une question de vie ou de mort, alors que c'est
toujours une question de vie *et* de mort, il nous faut
demeurer légers pour goûter la joie qui est le vrai sens
de la vie et le seul « salut », il nous faut attendre, même
si la vie finit par se résumer à cette attente. Il nous faut
faire comme si demain allait enfin résoudre les problèmes d'aujourd'hui, alors que demain il sera peut-
être trop tard. Il nous faut avancer. Il n'y a pas de but,
il n'y a pas de sens, sinon dans les interstices mêmes du
cheminement apparemment absurde d'aujourd'hui.
C'est au cœur même du problème, à force de s'y enfoncer, qu'on doit trouver une solution, c'est au centre
même de l'épreuve qu'on doit trouver la force pour faire
face, au milieu même de l'attente qu'on doit trouver
des perceptions qui se suffisent à elles-mêmes, au sein
même du malheur qu'on doit trouver la légèreté et la
joie de vivre.

L'existence de l'homme est tragique. Non pas au
sens où l'homme est le plus souvent malheureux, car
on peut dire que même la joie est tragique, elle aussi
est gratuite et ne s'explique pas. La vie de l'homme
ordinaire est en général légère, ou du moins il s'arrange
le plus possible pour la rendre telle, il sait se divertir,
comme le remarque Pascal. Mais rien n'est solide. La
légèreté ne tient qu'à un fil, et tôt ou tard, l'homme
fait l'épreuve de ce qui le dépasse et l'écrase. Même
au sein d'une vie relativement facile, il sent la fragilité
de son existence. Même si rien d'autre n'arrive, sa propre
vie vieillit et s'achemine vers la mort. D'abstraite, celle-

ci devient de plus en plus concrète. Non seulement parce que, comme le dit Proust, il est amené par la force des choses à mourir plusieurs fois au cours même de son existence, selon les ruptures amoureuses, selon les deuils, selon les grandes bifurcations de parcours, mais parce qu'il perd peu à peu, effectivement et irréversiblement, des éléments de son individualité : une certaine fermeté de la peau, une certaine densité des cheveux, une certaine endurance musculaire, une certaine beauté générale, du moins selon les normes en vigueur, une certaine agilité d'esprit, une certaine légèreté, innocence, insouciance, inconscience. Il n'y peut rien. L'existence de l'homme est ontologiquement tragique, parce que celui-ci n'a pas les moyens de faire face à toutes les épreuves de la vie. Puisqu'il apprend des épreuves qu'il subit, comment pourrait-il savoir d'avance comment y faire face ? Il doit faire contre mauvaise fortune bon cœur. Il fait comme si tout était simple et facile. Il tente de la sorte de s'insensibiliser un peu. De toute façon, à quoi lui servirait de s'en faire et de paniquer ? Cela ne serait-il pas stérile et, pis encore, cela ne risquerait-il pas de lui enlever toute l'énergie dont il a pourtant tellement besoin pour faire face et éventuellement s'en sortir ? Il danse donc au bord de l'abîme et chante très fort pour tromper sa peur. Ces chants deviennent ensuite les chefs-d'œuvre de la culture.

La société grecque antique était consciente de la tragédie de l'existence. (Cornelius Castoriadis l'admire d'ailleurs précisément pour cette raison.) Elle se représentait régulièrement celle-ci sous la forme de grandes représentations théâtrales données par Eschyle, Sophocle, Euripide. Dans tous les cas, il ne s'agit pas de se laisser écraser par le tragique, mais d'y faire face.

Comme l'indique également Nietzsche, si les Grecs se sont donné en représentation la tragédie de l'existence, ce n'est pas par pessimisme, mais au contraire pour pouvoir dire oui à la vie en toute connaissance de cause, dire oui à la vie y compris dans ses aspects problématiques, douloureux, terribles.

Nos sociétés modernes, comme le remarque Castoriadis, ont plutôt évacué la dimension tragique grâce au divertissement tous azimuts. C'est incontestablement un signe de superficialité de ces sociétés, d'incapacité de faire face à tous les aspects de l'existence. Certes, les individus doivent continuer à faire face, ils n'ont tout simplement pas le choix, mais la société comme collectivité pratique la politique de l'autruche. Le tragique de l'existence ne disparaît pas, sauf qu'on se trouve très mal outillé, collectivement, pour y faire face et lui donner un sens. En effet, chez les Grecs, la représentation dramatique donnait un sens esthétique à la souffrance, à savoir non seulement provoquait chez le spectateur une sorte de catharsis, une «purgation des passions», pour parler comme Aristote, une libération de sa propre souffrance par son extériorisation sur la scène, mais produisait également chez lui un sentiment de plaisir, comme celui que l'on éprouve devant un beau spectacle. Le tragique de l'existence pouvait être en partie justifié quand il était transmué en œuvre d'art. Tout était affaire d'art. On pouvait souffrir petitement, mesquinement, ou on pouvait subir la souffrance avec grandeur et noblesse. Et dès lors, la passion était aussi action.

Faire de la vie elle-même une œuvre d'art, n'était-ce pas là le projet de plusieurs courants antiques, notamment de l'épicurisme et du stoïcisme? Mais n'était-ce pas déjà la conception que se faisait Socrate de la philosophie? Une *praxis* bien plus qu'une connaissance. Également, la souffrance s'inscrivait à l'intérieur d'une économie de l'excès et de la mesure, d'une certaine conception de la justice faite de luttes, de compensations et aussi d'une certaine part d'arbitraire, de chance ou de malchance. Les chrétiens, quant à eux, conféreront à la souffrance un sens en termes de péché et de châtiment (punition et expiation ou rachat). D'une part, la souffrance s'explique parce que nous avons péché et a pour effet de « racheter » ce dernier; d'autre part, elle transforme la punition en récompense éventuelle : les souffrances sur terre nous vaudront le paradis dans l'au-delà. Remarquons ici que l'excès grec n'est pas le péché chrétien. L'excès s'inscrit dans les lois de la Nature : de telle cause résulte telle conséquence. Si l'homme tente de dépasser la condition humaine, qu'il ne soit pas surpris d'en subir les conséquences. Rappelons-nous encore une fois la pensée de Pascal, en cela très proche, sinon de la lettre, du moins de l'esprit grec : « L'homme n'est ni ange ni bête, et le malheur veut que qui veut faire l'ange fait la bête. » Le péché, quant à lui, prétend échapper aux lois naturelles. Il n'est lié qu'à une volonté ou une intention, bonne ou mauvaise, et a donc quelque chose d'arbitraire, de surnaturel. Si l'on veut employer la notion de Dieu, on dira que l'excès se produit par rapport à un *Deus sive Natura*, alors que le péché se commet vis-à-vis d'un Dieu anthropomorphe, un Dieu-juge suprême qui punit et récompense. Tomber malade parce qu'on a mangé une pomme empoisonnée ou trop de pommes : voilà l'excès. Être puni parce qu'on a mangé une pomme que Dieu a, par un acte de volonté ou par un caprice, interdit de manger : voilà le péché.

Dans tous les cas cependant, les grandes épreuves de l'existence prennent une signification collective, et non seulement individuelle, comme c'est devenu plutôt la situation aujourd'hui. Ce qui importe malgré tout, c'est la sensibilité à ce caractère tragique de l'existence. Et il est vrai qu'aujourd'hui celui-ci est complètement occulté par le traitement médiatique, spectaculaire, sensationnel, publicitaire de l'information. L'idée même d'information semble exclure la tragédie, tellement l'information et la communication se présentent comme des objets de contrôle et de maîtrise. Or, la tragédie de l'existence, c'est justement que le contrôle de l'homme soit tellement limité, que l'homme marche constamment sur une corde raide, que son équilibre puisse constamment se volatiliser, que sa vie même ne tienne qu'à un fil. L'esprit tragique implique d'être sensible à l'extrême fragilité de l'existence. Il consiste à vivre comme si l'on se promenait au milieu de dangers auxquels il faut être très attentif si l'on ne veut pas être détruit. L'homme tragique est très conscient de tous les dangers qui le guettent, non pas seulement des dangers extraordinaires, mais de ceux de la vie de tous les jours. La plus belle sérénité peut voler en éclats. Tout va bien et soudainement tout va mal, parce qu'on se laisse envahir par un sentiment d'envie face à un accomplissement d'autrui, parce qu'on se compare à un autre, parce qu'on est insatisfait de ses propres réalisations, parce qu'on se voudrait ailleurs, dans un autre pays, un autre travail, parce qu'on est frustré dans sa vie intime, etc. De petits riens qui peuvent remonter à la surface et troubler le calme. L'esprit tragique n'est pas un esprit de résignation. Si la vie est difficile et cruelle, il faut d'autant plus être vigilant et lutter d'autant plus fort. C'est celui qui pense que la vie est facile qui manque de vigilance et d'esprit combatif et qui peut facilement être vaincu par le premier ennemi. Il n'est pas sur ses gardes, il a l'impression qu'il peut faire n'importe quoi et qu'il pourra toujours se reprendre et réparer les pots cassés. L'homme tragique sait qu'il n'a pas le temps, que celui-ci lui est chichement compté et que le cours de l'existence est irréversible. On ne peut jamais revenir en arrière, et ce qui est aura toujours été. La conscience que le sens de la vie est en jeu à chaque instant rend très attentif. C'est dire, pour reprendre les analyses de Castoriadis, que les sociétés modernes qui tentent d'évacuer le plus possible la mort, la souffrance, qui tentent de se fermer les yeux devant la tragédie, sont les moins bien préparées pour y faire face. La tragédie les rattrape d'autant plus par derrière, sous la forme des suicides individuels et en masse, des meurtres, des tueries, des guerres, etc.

La tragédie n'est pas nécessairement la catastrophe voyante, mais le plus simple et le plus ordinaire. Elle ne fait qu'un avec la fragilité quotidienne, avec le fait que le plus bel équilibre peut être soudainement remis en question, qu'un accident peut détruire le plus beau bonheur, que, quoi que l'on fasse, quels que soient nos mérites, nous ayons à affronter des épreuves ultimement trop fortes pour nous, puisque la dernière finit par nous tuer. Nous avançons dans la vie sur un fil. Nous pouvons perdre la personne aimée, perdre tout ce qui fait le sens de notre existence, nous perdre nous-mêmes. Ce qui fait notre joie peut nous être enlevé. Comme il peut nous être redonné. C'est comme si le Dieu-temps était l'enfant capricieux et joueur d'Héraclite, enfant cruel et innocent. Il existe une discontinuité, une disproportion, une hétérogénéité, une incommensurabilité entre des états dans lesquels l'homme se trouve jeté, paradis et enfer, triomphe et ruine, bonheur et malheur, santé et maladie, légèreté et désespoir. Tout est magnifique, tout sourit, puis tout est terrible, tout grimace, et vice versa. Comment l'homme peut-il passer ainsi d'un extrême à l'autre? Où est la logique? C'est aussi dans cette expérimentation des extrêmes que l'existence de l'homme est tragique. Ce tragique fait souvent crier à l'injustice. Remarquons qu'une semblable discontinuité se retrouve sur d'autres plans, entre la « bonté » et la « méchanceté », par exemple à l'intérieur du désir entre la douceur et la férocité: ces états sont à la fois contigus et incommensurables. Notons enfin en passant qu'on retrouve une semblable disproportion entre les états d'individus différents, ou, comme le disait Marx, appartenant à des classes distinctes. Par exemple, quel rapport y a-t-il entre la situation de celui qui quête pour se nourrir et celle de celui qui finira par laisser une fortune en héritage? Non pas qu'ici tout s'explique par l'intervention du Dieu-hasard, car, comme l'a bien analysé le marxisme, les inégalités de surface découlent de rapports de forces qui varient à l'intérieur de luttes incessantes. Même dans le cas où le hasard joue un grand rôle, il se marie à des luttes et des rapports de forces sociaux, politiques, économiques. L'*amor fati*, qui consiste à composer avec le hasard ou l'absurdité, ne signifie jamais résignation. Au contraire, il s'agit toujours de combattre, même si c'est à armes inégales.

Dans de telles conditions, l'écriture elle-même n'échappe pas au tragique. Elle doit constamment être abandonnée afin qu'elle nous soit gratuitement redonnée. C'est toujours à franchir l'obstacle qu'elle doit apparaître, toujours à partir de l'impossibilité qu'une nouvelle possibilité doit advenir, toujours à partir de la stérilité que la création doit se faire. Le tragique est de l'ordre de l'indicible, de l'impensable, de l'intolérable. Tous les mots, les discours, les explications passent à côté et le laissent inentamé. L'écriture sur le tragique doit donc être trouée. Elle ne doit justement pas être *sur* le tragique, mais *être* elle-même tragique, participer du tragique, l'illustrer ou le manifester, une fois dit que le tragique ne se rapporte pas qu'au douloureux mais également au joyeux.

Il s'agit donc d'une écriture de la non-maîtrise, d'une écriture emportée par un flux qui la conduit en des contrées inconnues et imprévues. Il s'agit précisément de dire autre chose que ce qui est déjà dit ou prétendument connu. Peut-être ce que l'écriture cherche à dire est-il de la nature du non-dit, voire de l'indicible ? Mais c'est pour s'en approcher que l'écriture se met en branle. Et ce qu'elle ne pourra dire, peut-être pourra-t-elle le montrer, l'indiquer ou le faire sentir, dans le style, la manière, l'atmosphère, le rythme, la musique. Comme ces « blancs » qui trouent le poème de Celan et qui figurent mieux que toute parole le trauma inexprimable ; seule l'absence de signes parvient à signifier la disparition et la perte intolérables. Ou encore, les blancs matérialisent le vide ou le silence dans lequel apparaissent les pensées, l'oubli dans lequel se manifestent les souvenirs. Ils montrent la rupture en acte, la discontinuité, l'inachèvement, l'incomplétude positive en quoi consiste toute entreprise, y compris celle de vivre. De sorte que se réalise le propos de Proust : « Tout compte fait, il n'y a que l'inexprimable, que ce qu'on croyait ne pas réussir à faire entrer dans un livre qui y reste. C'est quelque chose de vague et d'obsédant comme le souvenir. C'est une atmosphère. L'atmosphère bleuâtre et pourprée de *Sylvie*. Cet inexprimable-là [...] ce n'est pas dans les mots, ce n'est pas exprimé, c'est tout entre les mots, comme la brume

d'un matin de Chantilly [2]. » Ou encore l'entreprise de
Sarraute : comment dire ce qui échappe aux mots, ce
qui se trouve en deçà d'eux, ce qui précède toute parole,
ce qui est à peine conscient, à peine perceptible, ce qui
ne cesse de se mouvoir, de fluctuer et de changer, tels
des ondes ou des corpuscules ? Comment, dans l'acte
de dire, indiquer ce qui lui échappe ? Par des points de
suspension, par des blancs, par une manière de bégayer,
par une façon d'arrêter le dire, de le confronter au
silence ? En d'autres mots, comment tracer une autre
voie entre celles qui sont déjà tracées ? Comment
n'être ni d'un côté ni de l'autre, mais entre les deux ?
Comment donner cours à l'insatisfaction qui nous fait
rejeter toutes les solutions proposées, pour déplacer le
problème ? Comment réfuter une cause en la laissant
respectueusement de côté, comme l'enseigne Nietzsche ?
Comment écrire ce qui échappe à la vérité et à la
fausseté, ce qu'on ne peut d'aucune façon identifier,
mettre en boîte ou en catégories ? C'est en effet par
insatisfaction à l'égard de tout ce qui est dit que l'on
écrit, non pas pour dire autre chose, mais pour précisément passer à côté de tout ce qui est dit, pour
déjouer les pièges de tout ce qui est dit, de tout ce qui,
donc, se contredit, s'il est vrai que tout dit se rapporte
à l'indicible et doit, par conséquent, nécessairement
échouer à le dire. Le déjà-dit ne peut que rater la vérité
vivante et présente. Le dit se rapporte au dit, la métaphore renvoie à une autre métaphore, le symbole
renvoie au symbole, le signe au signe, en une intertextualité sans fin, toujours à l'écart d'une réalité qui
se dérobe et qu'il tente pourtant d'indiquer. Comme
on l'a beaucoup dit, le langage reste enfermé dans

---

2. M. Proust, *Contre Sainte-Beuve*, *op. cit.*, p. 191-192.

le langage, mais tout le travail de l'écriture consiste précisément à tendre vers le dehors. Cette tension est constitutive du langage, mais elle se transforme en cliché et perd de sa force. L'écriture réintroduit avec force cette tension.

Chapitre 6

AMOUR DE LA SAGESSE

J'ai refermé, sans le finir, mon livre.
Qu'importent les mots clairs ? Toutes les pages lues parlaient d'un soleil
immobile. Je n'ai pas vu l'ombre
s'accroître sur le mur.

CLAUDE ESTEBAN

Dans le miroir ovale
La lampe lance sa silhouette
De verre et de feu
Tout est tranquille en nous
Tandis que le vent de nuit
Raconte une histoire
Avant de souffler
Par-dessus notre toit
Sa lune et ses étoiles.

SYLVIE GENDRON

La philosophie n'est pas la sagesse, mais l'amour de la
sagesse. Qu'est cette dernière, sinon un art de vivre ?

Non pas un art flamboyant, mais plutôt l'art de passer
inaperçu, d'être imperceptible ou inconnu, de se glisser
entre les choses, de pousser au milieu des choses, comme
l'herbe. À l'instar du chevalier de la foi : « Je l'examine
de la tête aux pieds, écrit Kierkegaard, cherchant
la fissure par où l'infini se fait jour. Rien ! [...] Sa
démarche ? Elle est ferme, toute au fini [...]. Il se
réjouit de tout, s'intéresse à tout [...]. Nul regard
céleste, nul signe de l'incommensurable ne le trahit
[...]. Chez lui, il s'accoude à une fenêtre ouverte,
regarde la place sur laquelle donne son appartement,
et suit tout ce qui se passe ; il voit un rat qui se faufile
sous un caniveau, les enfants qui jouent ; tout l'intéresse,
et il a devant les choses la tranquillité d'âme d'une jeune
fille de seize ans [1]. » Ou encore, être comme tout le
monde, tel que Fitzgerald se sent à l'issue d'une vraie
rupture. La philosophie est donc une démarche, si
sophistiquée soit-elle, pour s'approcher d'un état de
grande simplicité. L'animal connaît naturellement,
instinctivement, un tel état, ce pourquoi il suscite notre
étonnement et notre admiration, et que nous ne nous
fatiguons jamais de le contempler. Nous savons que
tout le sens de l'existence de l'animal réside en son
pur être-là, peu importe à quoi est occupé ou inoccupé
celui-ci. L'animal n'a pas besoin d'accomplir une chose

1. S. Kierkegaard, *Crainte et tremblement*, traduit par P.-H.
Tisseau, Paris, Aubier-Montaigne, p. 52-56. Kierkegaard ajoute :
« Il ne fait pas la moindre chose sinon en vertu de l'absurde. [...]
Cet homme a effectué et accomplit à tout moment le mouvement
de l'infini. Il vide dans la résignation infinie la profonde mélancolie
de la vie ; il connaît la félicité de l'infini ; il a ressenti la douleur
de la renonciation totale à ce qu'on a de plus cher au monde ;
néanmoins, il goûte le fini avec la plénitude de jouissance de celui
qui n'a jamais rien connu de plus relevé. »

en particulier, de se justifier par une quelconque réali-
sation ou d'être sauvé par une vie après la mort. Il n'a
aucun besoin de performer ou de paraître. Il n'a aucune
image de lui-même ! Ce que l'animal connaît sans y
penser, l'homme doit en faire toute une philosophie.
Le plus proche est ce qu'on atteint à la suite de tous les
voyages et de tous les détours. Comme l'écrit Kleist
dans son fameux *Essai sur le théâtre de marionnettes*,
l'homme ne peut atteindre la grâce de l'animal ou de
la matière qu'en traversant l'infini. La démarche
philosophique est semblablement un tel voyage et une
telle traversée. Le philosophe est donc un amoureux de
la sagesse, et non un sage. D'ailleurs, il ne sait pas
précisément en quoi la sagesse consiste. N'est-elle pas
qu'un pur fantasme ou qu'un idéal ? Mais être amoureux
d'une réalité que l'on ne connaît pas et qui se dérobe
signifie qu'on apprend toute sa vie à vivre. Il n'y a pas
de fin à l'apprentissage. Apprendre est un processus
qui, comme le désir ou l'amour, se suffit à lui-même.
Apprendre à même les épreuves, les difficultés, les culs-
de-sac, les impossibilités.

On mythifie la sagesse. Celle-ci n'est pas savoir ou
maîtrise, mais au contraire nudité et ignorance. Si elle
est force, c'est au sens où celle-ci tire directement son
existence de la fragilité. Un prétendu sage est celui qui
porte un masque qui en impose aux autres et sans doute
à lui-même. Mais au fond de lui, il ne peut pas totalement être dupe. Ou s'il l'est, c'est qu'il ne parvient
pas à aller au fond de lui-même, là où ça fonctionne ou
procède sans lui, dans le train chaotique des pensées et
des affects, des états de l'esprit et de ceux du corps. À
ce niveau, loin d'avoir la maîtrise ou le contrôle,
l'homme marche sur une corde raide, et loin de diriger,
l'homme est témoin de ce qui se passe. C'est d'ailleurs

en observant ce qui se passe que l'homme apprend, et qu'il peut agir au sein même de ce qui le détermine. Il épouse alors le devenir, et tire son intelligence directement du chaos, sa lumière directement de l'obscurité et de la confusion.

Trop souvent, on perçoit la sagesse comme un état stable, plus ou moins permanent. Mais ce n'est pas du tout ainsi que l'on apprend, et ce n'est pas non plus cela que l'on apprend. On n'apprend que de son ignorance, et ce qu'on apprend, c'est qu'il y a un inconnu irréductible. De même qu'on n'avance que de trébucher. On se crée une « grande santé », pour parler comme Nietzsche, à partir même de la maladie, et cette grande santé n'est pas un état, mais un processus et un apprentissage sans fin. C'est de la mort que nous ne cessons de nous relever pour vivre, comme c'est du sommeil que nous nous éveillons et nous remettons péniblement sur nos pieds, quitte à marcher et à courir ensuite. Nous sommes au bord de la défaillance, au bord de la crise. Ou plutôt, nous sommes d'emblée dans la défaillance, dans la crise. Comme à la naissance où nous sommes désemparés, à la fois jetés, reçus et perdus. Comme au réveil, où le corps et l'esprit remontent de l'abîme où ils reposaient, courbaturés, obscurs et confus.

Comment parviendrons-nous à nous en sortir, à passer au travers ? Telle est, souvent, la formulation très concrète de la question : Comment vivre ? Ce qui frappe, ce n'est donc pas la sagesse, la maîtrise, le contrôle, la connaissance ou la puissance, mais, au contraire, l'ignorance, la fragilité et la vulnérabilité. Celles-ci sont premières. C'est à partir d'elles qu'on doit inventer, comme celui qui est en train de se noyer doit, à partir de son impuissance, inventer sa survie et sa vie. C'est parce qu'on est dans une position impossible qu'on doit inventer une solution elle aussi impossible, improbable. C'est parce qu'il y a devant nous un mur sans issue qu'on doit effectuer l'impossible percée. C'est parce que le problème est insoluble qu'on doit inventer une solution inédite et inouïe, non pas une solution définitive, mais une solution en forme de devenir, de processus, de métamorphose, de création...

C'est en fixant l'abîme que l'on avance, et c'est ainsi que la réussite s'engendre de l'échec. Toujours, nous sommes forcés d'avancer, car l'abîme se trouve sans cesse sous nos pieds, nous suit dans notre fuite. Souvent, nous ne le voyons pas, comme nous ne pensons pas à notre mortalité. Mais, il suffit de s'arrêter, de sortir du divertissement tous azimuts, de sortir de la place publique, d'enlever le masque, pour le sentir de nouveau qui nous accompagne comme un frère. Lui aussi nous enseigne que le monde est accompli à chaque instant, ou plutôt inaccompli, et irréalisable, parce qu'il comporte une part irréductible de vide ou de béance. C'est parce que nous sommes inadaptés au monde de la majorité que nous devons inventer un monde minoritaire, individuel, comme un enfant crée son jeu au sein du sérieux du monde des adultes, comme un fou crée son délire au sein des discours dits normaux. C'est parce que les consensus nous laissent froids que nous devons produire nos propres vérités, singulières, bancales, inassimilables. C'est parce que nous ne comprenons pas la langue de l'information et de la communication que nous devons inventer une sorte de langue étrangère, comme l'affirme Proust. C'est parce que nous sommes dépassés par les forces chaotiques qui nous jouent, nous bousculent, nous tuent, forces venues du dehors et du dedans, de l'infini cosmique et de l'infinitésimal microscopique, que nous devons leur donner forme et participer, nous

aussi, au processus de création en quoi consiste Dieu
ou la Nature.

Nous devons nous élever jusqu'à Dieu et faire notre
part dans le cosmos, «participer», comme le disait
Platon, à savoir, dans notre monde moderne et contemporain, agencer de nouvelles machines, élaborer de
nouvelles théories ou explications, produire de nouvelles
œuvres, inventer de nouvelles images, voire de nouvelles vérités et de nouveaux dieux. C'est parce que nous
sommes ignorants que nous devons apprendre sans
cesse, parce que nous sommes malades que nous devons
inventer de nouveaux remèdes, parce que nous sommes
faibles que nous devons nous dépasser dans la création,
parce que nous ne savons pas vivre que nous devons
produire des œuvres surhumaines. C'est parce que nous
sommes placés au pied du mur que nous sommes forcés
de devenir héroïques, alors que nous aurions tendance
à nous complaire et à devenir lâches dans de bonnes
conditions. L'énergie d'un certain désespoir peut
accomplir des miracles.

L'épreuve est une puissance de métamorphose. Pas
besoin d'aller au désert pour rencontrer l'inconnu,
puisque nous y baignons d'ores et déjà, forcément
sans le savoir. Au-delà ou en deçà de tout ce que nous
connaissons et maîtrisons, nous sommes confrontés à
un inconnu irréductible. Faute de pouvoir dire celui-
ci, il nous faut le chanter, y faire allusion, l'indiquer
obliquement, tourner autour : telle est la fonction
évidente de l'art sous toutes ses formes, mais aussi de
la science et de la philosophie. Autant de manières
d'entrer en contact avec le mystère infini, en laissant
en lui une touche ou une trace elle aussi mystérieuse,
celle de l'homme qui fait partie, sans le comprendre,
de cet infini, qu'on l'appelle Dieu, la Nature, l'Univers

ou le Divers, le Cosmos, etc. Cet inconnu recèle un pouvoir pratique de changer la vie, non d'une manière voyante, mais dans de petits riens ou des « riens puérils », pour parler comme Proust, qui sont autant d'attitudes qui révolutionnent la vie, là même où elle se déroule, au fil des instants.

Si l'homme est petit dans sa vie, dans un corps qui vieillit et qui comporte toutes les limites et la vulnérabilité de l'animal, avec un esprit qui fonctionne bien souvent comme une machine déréglée, obéissant à des lois qui ne dépendent pas de lui, il est grand dans ce qu'il réussit à accomplir, et d'autant plus grand que cet accomplissement s'effectue à la fois à l'encontre de sa faiblesse et grâce à elle. *À l'encontre*, car c'est dans un effort d'autodépassement que l'homme s'élève au-delà de lui-même jusqu'à l'œuvre, que celle-ci soit scientifique, philosophique, artistique, littéraire, technique ou politique, mais aussi *grâce* à elle, car c'est de cette faiblesse factuelle, naturelle, de cette finitude originaire et congénitale que l'homme tire toute sa force ou son énergie pour créer ou accomplir. L'homme est grand d'être petit, comme le proclamait Pascal. Et cela n'a rien à voir avec un Dieu anthropomorphe. L'homme est cet animal étrange par excellence, animal peut-être malade, comme le pensait Nietzsche, qui n'est pas fixé, pas défini, qui ne cesse de devenir et de changer, avec un grand vide en son centre, vide aussi bien constitutif de sa liberté que de sa mortalité, vide qui permet précisément le changement et l'apparition de nouveauté.

Ce vide en l'homme est souvent douloureux; l'homme ne parvient pas à être vraiment, à accomplir, à se réaliser. Il y a en lui une béance. Au-delà de tous ses masques et de toutes ses prétentions, il est forcé d'admettre qu'il n'est pas. Il n'est pas encore au monde, et mourra sans avoir véritablement vécu. Il effleure l'amour bien plus qu'il ne le connaît. Pascal disait : Il ne vit pas, mais il espère de vivre... L'homme est fendu par le temps, un pied au passé, l'autre au futur, sans assise dans le présent. Ce vide s'insinue partout, du microscopique au cosmique. Il fend le cerveau comme il baigne l'univers. Il est constitutif de l'oubli, des mutations, des bifurcations, des sauts quantiques, des coupures irrationnelles. Il empêche toute totalité de se constituer comme telle, met l'inachèvement, l'incomplétude dans tout ce qui est. Dans tout ce qui est, il y a un *il n'y a pas* irréductible. Du point de vue de l'homme, au sein de tout « je suis », il y a un « je ne suis pas » fondamental, ou encore il faut dire qu'au sein de tout fondement il y a un fond sans fond. Tout n'est pas là, il y a forcément de l'inconnu, puisqu'il y a de l'à-venir. Un à-venir comme pure virtualité, lui aussi irréductible à toute incarnation ou actualisation. Qui peut s'indiquer à la limite, en science par exemple, comme un doigt indique la lune, par une équation mathématique. Tout le langage est hanté par l'absence ou par le vide. Le vide fait en sorte qu'il y a toujours un écart, une distance, une différence. Que l'être n'est jamais plein, complet, total. Que l'homme, notamment, se trouve toujours à côté de lui-même, ne coïncidant jamais avec lui-même. Le vide fait que le monde est surabondance, gaspillage et prolifération, qu'il déborde de lui-même. Il est constitutif de tout pouvoir de méta-morphose, que celui-ci s'exerce dans la Nature ou chez l'homme. C'est par le vide qu'une rupture est effectuée. Comme l'écrit Péguy : « Il n'y a rien eu. Et tout est autre. Il n'y a rien eu. Et tout est nouveau. Il n'y a rien eu. Et tout l'ancien n'existe plus et tout l'ancien est devenu étranger[2]. » Le vide déjoue les plans de l'homme, qui ne tiennent jamais compte de lui. Il déjoue, notamment, ses morales et ses logiques. Comme l'ont vu plusieurs penseurs, bien et mal ne sont pas toujours contradictoires, mais bien souvent, au contraire, secrètement complices. Ou, bien et mal ne sont contradictoires que précisément pour une conscience morale. Mais dans la réalité, ils peuvent facilement aller ensemble, se côtoyer, se stimuler, passer subrepticement et perversement de l'un à l'autre.

La voie est toujours obscure, mystérieuse, surprenante. Il faut à l'homme beaucoup de liberté d'esprit en même temps que beaucoup de prudence et de lenteur pour y cheminer sans tomber, ou du moins, s'il tombe, avec la capacité renouvelée de se relever. Comme le disait Nietzsche, sur cette voie, l'éthique doit remplacer la morale, à savoir, remplacer la question « Qu'est-ce qui est *bien* et *mal*? » — bien et mal pour tous, bien et mal universels et intemporels — par la question « Qu'est-ce qui est *bon* et *mauvais*? » — pour un individu, dans telle conjoncture, à tel moment. Et même à ce niveau éthique, quelque chose de bon ne le sera qu'en partie, et pourra engendrer quelque chose de mauvais, et vice versa. Ce qui est bon à un moment donné, et qui l'est bien souvent parce qu'il survient comme une surprise, devient mauvais lorsque répété délibérément. Et quoi de plus tentant que de répéter ce qui s'est avéré bénéfique! Mais répété, il n'est plus le même. Il nous surprend de nouveau en ne donnant pas les effets escomptés. La création se transforme

---

2. C. Péguy, *Clio*, Paris, Gallimard, 1932, p. 266. Notons en passant que le vide et la transformation (le processus, la voie, le *tao*) sont des éléments essentiels de la pensée et de la pratique chinoises.

en stérilité. La nouveauté en redondance. Affaire de prudence, de délicatesse, de subtilité, en un mot, d'intelligence, mais aussi d'audace, d'expérimentation, de pouvoir de métamorphose. La folie est l'amie de la sagesse. Ainsi, ce sera par un excès qu'une issue pourra être trouvée dans une impasse ; par une déviation qu'un chemin inconnu pourra être tracé ; par un arrêt qu'un nouveau départ pourra être pris ; par une ivresse qu'une sobriété pourra être expérimentée... Il y faut tout l'art des dosages et des nuances.

En fait, ce sera dans notre dos que les choses nous arriveront, les bonnes et les mauvaises. Elles arriveront quand nous ne les attendrons pas, comme un don ou une grâce, et n'arriveront pas quand nous les attendrons. Nous serions toujours en train de les attendre, et pendant tout ce temps, l'attente serait notre seul lot sur terre. Puis, quelque chose arriverait, tout à fait différent de ce que nous attendions, heureusement, car nous n'attendions plus que la perpétuation de l'attente. Et ce ne serait qu'après coup que nous nous rendrions compte que, tout ce temps, c'était précisément cela que nous appelions de nos vœux, cela qui ne pouvait venir que par surprise. Nous avions les yeux fixés sur un impossible ailleurs ou un impossible futur, alors même que le compagnon rêvé marchait à nos côtés. Nous attendions que le grand secret de la vie se révèle enfin, alors qu'il n'était que la transparence de la vie en train d'avoir lieu. Nous étions à l'affût de la surprise, la désamorçant donc et ne lui laissant aucune chance. Il fallait telle ou telle condition avant de passer aux actes, alors que l'acte n'allait effectivement advenir que sans conditions, quand nous serions jetés à l'eau par la force des choses, à notre corps défendant. L'œuvre rêvée est toujours l'objet impossible qui se profile et se dérobe, alors qu'il suffit d'avancer pour déjà s'y trouver, non une œuvre comme accomplissement définitif, mais comme processus sans fin. Il faut beaucoup d'errance pour trouver enfin le chemin qui se trouve sous nos pieds, beaucoup d'efforts, non pas pour trouver, mais pour cesser de chercher. Beaucoup d'efforts pour cesser enfin de faire des efforts et pour cueillir le fruit qui s'offre de lui-même. Comme si la vérité est toujours déjà là et qu'on ne le constate qu'une fois qu'on est dedans. Car si elle est déjà là, nous-mêmes n'y sommes pas, mais sommes plutôt ailleurs et en un autre temps, justement à la poursuite de la vérité. Nous cherchons à accomplir, à réaliser, ne cessant de nous comparer, ne tenant pas en place, propulsés par la frustration, l'ambition et l'avidité. Mais c'est justement cela qu'il suffit d'habiter et d'observer, non pas ce qui devrait être, mais la réalité telle qu'elle est. Dans cette observation très intense, sans mouvement, la réalité se transforme.

Ce pouvoir de métamorphose est très concret. Il est capacité de court-circuiter les faux problèmes qui mènent le plus souvent le bal. Il est capacité de ne plus reconnaître celui que l'on était tout en continuant d'autant plus intensément à vivre. Il est capacité de sortir des sentiers battus, d'inventer de nouveaux chemins, de trouver de nouvelles possibilités de vie à même les impossibilités qui nous enferment dans des impasses. Il est affect de surprise et d'étonnement, d'émerveillement et de terreur. Il pousse la vie en avant quand elle s'enlise, force à créer à partir de ce qui stérilise, établit de nouveaux liens. À l'encontre de ce que l'on aurait tendance à penser, et qui nous est confirmé par tellement d'instances, nous apprenons, avec le Zarathoustra de Nietzsche, que « l'homme et la terre de l'homme ne sont toujours pas épuisés et toujours

pas découverts[3]». Ou encore, l'on constate avec Miller
que «plus on avance, plus la route s'ouvre à nos yeux[4]».
L'homme a en lui un pouvoir de création qu'il ne peut
pas mesurer, qui est au diapason de celui en quoi
consiste Dieu ou la Nature. Non pas seulement création dans une œuvre particulière, mais à même la vie,
qui est de toutes les œuvres de l'homme, comme
l'avaient vu les épicuriens et les stoïciens, la plus belle
parce que la plus insaisissable. D'ailleurs, il y a conti-
nuellement interaction entre une œuvre particulière et
l'œuvre d'une vie. L'œuvre particulière n'a de sens que
dans la mesure où elle s'inscrit dans l'œuvre d'une vie.

Métamorphose dans la vie même, dans les petits
riens inapparents, dans une façon de nous glisser entre
les obstacles, d'utiliser une force potentiellement
ennemie à notre avantage, de poser différemment un
problème insoluble, de voir autrement, de glisser au
lieu de nous appesantir, d'effectuer de subtils mouvements sur place, d'opérer des modifications à peine
perceptibles là et au moment même où nous nous
trouvons. Pouvoir de métamorphose pour le meilleur
et pour le pire, qui nous pousse en avant vers la gloire
et la détresse. Cette indétermination dans le chemin
et le cheminement, ces déviations et fluctuations, ces
ruptures et révolutions conduisent au meilleur et au
pire, et à l'intérieur d'une vie, à la grande métamorphose finale de la mort, au dernier grand saut dans le
vide. L'homme est un funambule qui finit par tomber.
En cours de route, la folie côtoie la sagesse, l'excès la
mesure, la maladie la santé, si bien que l'homme ne

---

3. F. Nietzsche, *Ainsi parlait Zarathoustra*, *op. cit.*, p. 98.
4. H. Miller, *Sexus*, traduit par G. Belmont, Paris, Buchet/
Chastel, 1968, p. 451.

cesse de marcher sur une corde raide, le plus souvent
sans le savoir, avançant de ses trébuchements et de ses
chutes, s'envolant et rampant, tombant et se relevant,
s'enfonçant dans l'abîme de la nuit et s'élevant dans
la lumière du ciel.

Nécessité de prendre la vie avec toujours plus
de simplicité, comme le fait tout naturellement un
mourant, en la débarrassant de tout ce qui la grève
stérilement. Une vie dépouillée, avec peu de contenu,
peu de questions et peu de problèmes, qui se contente
de vibrer intensément, qui émet des signes comme les
suppliciés d'Artaud ou l'oracle de Delphes. Une vie
secrètement inspirée par l'affect de joie. Affect involontaire et qui nous prend sans avertir, à la fois psychique
et physique, qui rend le moindre événement excitant.
Il n'y a pas d'autre sens à la vie que le pur fait d'être
heureux d'être en vie, pour rien, pour le pur plaisir de
la chose, pour la pure excitation qui parcourt notre
épine dorsale et nous monte à la tête. Excitation devant
ce qui est et se déroule, excitation devant toutes les
possibilités qu'offre la vie. Pure excitation de se sentir
en vie !

Trop souvent, le savoir reste extérieur à l'homme,
qui se voit, ainsi que le monde, du point de vue d'un
esprit extérieur ou transcendant, ce qui est un effet
du développement de son cerveau. L'homme perd le
contact avec lui-même et avec le monde. Pour se guider
dans la vie, il doit faire appel à une intelligence plus
vaste, plus silencieuse, celle du corps entier. Cette raison
ou cette intelligence du corps entier est en relation
symbiotique avec le monde ; comme les organes et les
parties du corps humain sont directement connectés au
monde, les pieds à la forme et à la texture du sol, les
poumons à la composition de l'air, la peau à la mollesse

et à la dureté des choses, les yeux à la lumière du soleil. La veille et le sommeil sont directement liés aux phénomènes cosmiques du jour et de la nuit. Les sens de l'homme sont en symbiose avec les choses qu'ils perçoivent. Les couleurs et les yeux sont en relation contrapuntique. Le cerveau et son langage mathématique sont en relation de sympathie avec les structures de l'univers. La technique, quoi qu'on en pense et quoi qu'on en dise, n'est-elle pas un signe éloquent d'une complicité apriorique entre l'homme et l'univers ? L'homme ne crée-t-il pas comme le reste de l'univers ? Et la technique n'est-elle pas un lien de plus entre l'homme et l'univers ? Ne permet-elle pas de multiplier et de raffiner ce lien, d'aller au-delà des apparences en direction de l'invisible ? N'est-elle pas un détour pour permettre une nouvelle immédiateté ? L'univers est un vaste opéra. Les choses, en effet, ne sont jamais isolées, mais n'ont d'existence et d'essence que dans et par leurs interrelations. Les termes ne préexistent pas aux rapports, mais sont constitués par eux. C'est le règne de la commensalité, de la convivialité, de la réciprocité, de la complicité, de la solidarité, de la lutte, de la guerre, du conflit, de la Haine et de l'Amour comme forces cosmiques ou ontologiques, comme le disait déjà admirablement Empédocle. Chaque chose y joue son rôle, bien qu'il semble ne pas y avoir d'auteur à la sublime, éternelle et infinie création. Ici, comme chez l'homme, l'acteur, le rôle, le metteur en scène et l'auteur semblent ne faire qu'un. L'homme est dans le cosmos comme poisson dans l'eau, et même tout le questionnement qui le distingue de l'animal, questionnement philosophique et scientifique, fait partie de sa manière d'être au monde : questionner est la façon humaine d'être comme poisson dans l'eau ; ce que l'animal est immédiatement, physiquement, instinctivement, l'homme l'est médiatement, psychiquement, symboliquement. L'homme tâtonne et erre comme les planètes, les systèmes solaires, les galaxies. Il est une énigme à l'égal de l'énigme de l'univers. Alors que l'énigme du monde reste silencieuse, l'énigme de l'homme se fait parole. L'homme vit souvent dans l'illusion, fournie en grande partie par toutes les religions du monde, comme le ciel étoilé lui apparaît dans sa présence évidente alors même que la source lumineuse des étoiles est peut-être éteinte au moment où elle parvient à ses yeux. De même, les différents animaux ont-ils leurs illusions comme rapports constitutifs avec le monde, ce pourquoi, notamment, ils se trompent mutuellement grâce à toutes sortes de camouflages et se font tellement facilement prendre aux leurres que l'homme leur tend. C'est ainsi que l'illusion est proprement cosmique, et non seulement humaine, et que l'homme, en fonction de ses sens et de son cerveau, est naturellement amené à certaines perceptions, pensées et croyances. Ses illusions sont aussi des façons d'être au monde qui demeurent au diapason de celui-ci.

Le cerveau de l'homme est un produit de l'évolution de la Nature. Pas surprenant que le langage mathématique, qui appartient à ce cerveau, puisse ensuite aider à formuler certaines règles ou régularités de la Nature qui décrivent synthétiquement comment celle-ci procède ou fonctionne. En même temps, autant la Nature que le cerveau restent des mystères irréductibles. Celui qui tente de comprendre fait lui-même partie de ce qu'il cherche à comprendre ! Qu'est-ce que la réalité, compte tenu du fait que l'homme habite sa pensée, son imagination, ses fantasmes et ses rêves ? Ne dit-on pas qu'il prend ses désirs pour des réalités ?

L'homme est une énigme pour lui-même, dans la mesure où toute réalité en lui est inséparable d'une illusion ou d'une fiction. C'est en celles-ci qu'il prospère le plus souvent. Qu'est-ce que l'art, sinon la capacité de faire du vrai avec du faux, d'aller au-delà des apparences prétendument objectives grâce au détour d'une fiction ? La science ne fait-elle pas de même dans son propre style ? N'a-t-elle pas besoin de toute l'abstraction du langage mathématique pour se rapprocher de la structure de la matière ? Dans tous les cas, la réalité n'est jamais l'objet d'une simple représentation ou reproduction, mais doit être conquise par une forme d'invention ou de création dans laquelle concourent toutes les facultés de l'homme, l'observation, l'intuition, l'imagination, l'intellection, à savoir toutes les forces de son esprit.

L'homme n'est jamais entièrement là où il est, son esprit étant en partie ailleurs. Alors que son corps a toute la matérialité et l'évidence de la présence, son esprit voyage au passé et au futur. Qui plus est, la réalité apparente, telle que perçue de l'extérieur, est elle-même une illusion, dans la mesure où elle comporte une intériorité qui se dérobe. Comme le montre Baudrillard, nous vivons de plus en plus dans une hyperréalité, à savoir dans une réalité qui se parodie jusqu'au simulacre et à la simulation. Tout devient surexposé, trop visible, trop transparent. Règne de la pornographie tous azimuts, non seulement en ce qui touche la sexualité, mais encore dans tous les domaines de la vie privée et publique. Mais en montrant tout de la sorte, on passe à côté de l'invisible constitutif de la réalité. Une dimension essentielle de celle-ci échappe. Les événements sont réduits à des images, l'homme est réduit à un pantin ou à un cliché. La nudité elle-même, loin d'être un signe de vérité ou de réalité, est une illusion, précisément en tant qu'elle prétend tout montrer : elle ne montre autant le corps dans toutes ses parties et tous ses rouages que pour mieux dérober ce qui dépasse irréductiblement l'organisme, l'esprit sous toutes ses formes, fantasmes, idées, désirs, affects, relations, etc. — esprit qui fait pourtant que le corps est vivant. L'invisible n'est pas que l'esprit, mais le corps lui-même, à savoir le corps qui échappe à toute image, à toute représentation, à tout regard, aussi bien celui des autres que le sien propre, le corps dans sa solitude silencieuse. Qu'est-ce que l'exhibitionnisme et le voyeurisme sinon le refoulement, la dénégation ou le camouflage d'un essentiel invisible sous une prétention de tout voir et de tout montrer ? Ne sont-ils pas les perversions par excellence de notre époque (télésurveillance, omnivoyance satellitaire, pornographie, envahissement médiatique de la vie privée, etc.) ? Comment parvenir à rendre visible l'invisible *en tant que tel*, telle est justement la fonction de l'art, selon Paul Klee : à savoir, dans les mots d'Artaud, comment agir sur la matière grise du cerveau directement, comment émouvoir hors de toute représentation. Ou encore, comment montrer un monde en dehors du regard, comment penser un monde en dehors de l'homme, comment voir l'homme lui-même en dehors de ses idéaux, de ses images, de ses idéologies, entreprise qui exige une grande tension et qui est littéralement impossible, ce pourquoi, comme l'indique Beckett, l'artiste échoue nécessairement — mais tout l'art consiste à tendre vers un tel dehors ou une telle limite. Notre époque pense faire l'économie de cet invisible, de cette altérité radicale, grâce au kitsch, à l'imagerie de synthèse, à l'hyperréalisme, à l'omniprésence des médias de toutes sortes, à la communication incessante en temps réel (mesuré par la vitesse limite des ondes électromagnétiques [5]), au remplissage audio-visuel de tout l'espace disponible. Toujours une image — photographique, télévisuelle, publicitaire, numérique, digitale — et un son pour stimuler ou exciter en permanence les sens et le cerveau ; pour ne pas entendre le silence que remplit tout son et qui le rend possible, pour ne pas voir le vide que cache toute image et sans lequel elle ne pourrait apparaître. On fait comme si tout était plein : rien que des objets, que des machines, que des images. Quant au rien lui-même, il est recouvert, refoulé, oublié. Mais une fois de plus, pour notre malheur, l'être pur équivaut au néant pur. De même, on occulte la mort, on la maquille et l'expédie, alors même qu'elle est un élément essentiel de toute vie,

---

5. Paul Virilio analyse cette caractéristique dans toute son œuvre. Notre monde est devenu celui d'un présent mondial et permanent, où toutes les informations possibles sont communiquées en temps réel ou instantanément, c'est-à-dire à la vitesse de la lumière, trois cent mille kilomètres par seconde. Il en résulte un processus catastrophique de déréalisation de l'espace, des distances et des intervalles, du corps propre et de celui de l'autre, enfin du temps lui-même — dans la mesure où, comme nous l'avons vu, celui-ci se scinde d'emblée, sous la poussée de l'événement, en passé et futur, et comprend un délai ou une latence intrinsèque —, au profit d'un cybermonde (un cyberespace, une cybersexualité…), d'une téléprésence et d'une télésurveillance généralisée. Précisément à cause de l'ubiquité, de l'instantanéité et de l'immédiateté caractéristiques des télécommunications, apparaît le risque d'un accident général : l'interactivité chère à la réalité virtuelle peut, par une réaction en chaîne comme lors d'un krach, désintégrer la société comme la radioactivité, la matière — la bombe informatique prenant ainsi la relève de la bombe atomique. On lira, notamment, *La vitesse de libération*, Paris, Galilée, « L'espace critique », 1995 ; *Cybermonde, la politique du pire*, entretien avec Philippe Petit, Paris, Textuel, « Conversations pour demain », 1996 ; et *La bombe informatique*, Paris, Galilée, « L'espace critique », 1998.

le seul conseiller valable que nous ayons, au dire de l'Indien Don Juan. À refuser de l'entendre, à vouloir colmater toutes les brèches, la mort se venge sous la forme d'hécatombes, de tueries, de suicides. L'identité d'un individu se réduit à sa photographie. Or, je ne suis pas celui que les autres voient. D'ailleurs, qui voient-ils ? Que savent-ils de ce que je pense et ressens tandis qu'ils me voient ? Et que sais-je moi-même de tout ce qui m'habite, de ce qui insiste en moi du fond de l'inconscient, de ce qui m'obsède du fond de mon histoire et de celle de l'homme ? Puis-je identifier les concepts, les percepts et les affects qui me prennent, me parcourent et m'agitent, ou ne m'échappent-ils pas par définition ? Ne suis-je pas dépassé par ce que je perçois, pense et ressens ? Comment puis-je nommer ce que je ressens, pense, perçois, comment puis-je le ressentir, le penser, le percevoir adéquatement ? Là aussi, n'y a-t-il pas une essentielle incomplétude, une rupture au sein de tout étant, un vide irréductible et insaisissable ? Le concept, le percept et l'affect ne sont-ils pas des événements qui débordent toute actualisation, tout présent et tout vécu ? N'y a-t-il pas une part de moi qui reste irréductiblement inconnue ou incompréhensible à moi-même, une part par où je m'échappe absolument, par où je suis moi-même un événement ? Une part qui fonctionne sans moi, malgré moi, mise en branle par tout un conditionnement physique, chimique, biologique, sociologique. Une part qui est l'altérité ou l'étrangeté irréductible au sein de toute identité. Une part qui m'échappe parce qu'elle s'échappe à elle-même, qu'elle n'est pas à proprement parler, qu'elle est comme un vide ou un rien. Comment puis-je être reconnu si je ne puis pas être connu, y compris par moi-même ? Il en est de même de tous les autres. Ils ne sont

pas ceux que je vois. Il en est de même des animaux.
Qu'est-ce que, par exemple, la phobie sinon une forme
de voyeurisme ? L'araignée n'a aucune conscience de son
apparence et en tant qu'intériorité est aussi innocente
que le plus beau des oiseaux. Elle est un mystère pour
elle-même. Il n'y a pas de contact sans un profond
respect pour la part d'inconnu irréductible.

L'homme se trouve dans une situation impossible.
Aussi loin puisse-t-il aller par l'esprit, il demeure terre
à terre par son corps. Celui-ci est une cible facile pour
le moindre projectile. Alors même que le corps est
atteint, l'esprit reste égaré et ne suit qu'avec peine. C'est
de force qu'il est ramené au corps qui expire. L'homme
n'est pas plein, mais comprend en lui du vide qui fend
toute identité et met l'inconnu au cœur de tout connu.
Comme le savait Rimbaud, Je est en grande partie un
autre. Mon Je m'est donné tout autant que mon corps,
et c'est à l'intérieur de ce bateau en marche, bateau ivre,
que je dois monter. Je parviens de temps en temps à
prendre le gouvernail, mais à la condition de comprendre et de respecter les différentes composantes qui
permettent à l'ensemble d'avancer. Mon esprit et mon
corps me viennent du monde, sont un don de la Nature.
Et quand je parle, c'est aussi elle qui s'exprime.

L'homme est un fragment de la Nature, comme
l'affirmait Spinoza. Nous sommes fils et filles de celle-
ci, nous participons à son mystère. Nous sommes des
produits de son évolution, faisons partie intégrante de
son autocréation, et continuons celle-ci à notre façon,
notamment par les arts, les sciences, les philosophies,
les technologies. S'il y a en nous ce que nous appelons
un esprit, celui-ci fait donc partie de la Nature et doit
se trouver sous une autre forme ailleurs, en d'autres
êtres que l'homme. Quant à la Nature elle-même,

elle représente, à nos yeux, la totalité et l'unité de la puissance, quelle que soit la forme de celle-ci, matière, énergie, esprit, etc. Une fois dit que « totalité » et « unité » sont des catégories de l'esprit humain. Encore une fois, celui qui connaît fait partie de ce qu'il cherche à connaître, et doit donc tenter de se connaître lui-même. Mais n'est-il pas pris, de la sorte, dans une aporie ? Comment distinguer ce qui appartient à « celui qui connaît » de ce qui appartient à « ce qui est connu » ? Pour employer les termes de la philosophie classique, comment départager réalisme et idéalisme ? L'homme ne perçoit-il pas et ne conçoit-il pas le monde en fonction de la structure de ses sens et de son cerveau (ou de son esprit) ? Ceux-ci ne sont-ils pas des cribles ou des filtres, qui sélectionnent, excluent, simplifient, amplifient, transforment, comme les poumons le font de l'air, et l'estomac des aliments ? Et déjà de distinguer ainsi l'homme et le monde n'appartient-il pas à un dualisme inhérent à la manière humaine de percevoir et de penser ? Mais ce corps et cet esprit dont l'homme est fait ne font-ils pas à leur tour partie intégrante du monde, comme des plis, des fluctuations, des volutes, des variations, des discontinuités, des singularités, des événements en celui-ci, contribuant à sa complexité et diversité ? Si bien qu'il faut sans doute tenir ensemble des propositions apparemment contradictoires, à savoir paradoxales. Des manières de penser propres à l'homme, en termes d'unité, de totalité, etc., sont en même temps parties constitutives de ce monde, comme une variété, un élément, un fragment de celui-ci. Comme le disait Leibniz, il y a d'une part autant d'univers qu'il y a de points de vue, mais d'autre part tous ces points de vue sont précisément constitutifs de ce que nous appelons l'univers. Certes, on ne peut jamais enclore, comprendre,

définir ; toute avancée dans la connaissance demeure
ouverte sur l'inconnu, toute explication ou compréhension demeure, à l'instar de l'homme lui-même en
rapport avec la mort, essentiellement incomplète et
inachevée. Tout fondement trouvé repose lui-même sur
un sans-fond.

D'une manière plus restreinte, l'homme est le
monde, celui-ci entendu cette fois au sens de monde
humain. C'est le cas de redire ici le mot de Térence :
« Rien de ce qui est humain ne m'est étranger. » Il n'y
a pas de distinction de nature entre un homme et un
autre, ou encore entre l'humanité comme collectivité,
société, groupe, et un homme particulier ou individuel.
Ce que l'homme est collectivement est le résultat
de ce qu'il est individuellement, et inversement. Les
égoïsmes, les rapports de forces qui ont cours entre les
individus, se répètent entre les classes et les groupes
sociaux. Les haines qui agitent les mondes intérieurs
s'extériorisent par des guerres. D'une manière plus
précise encore, je suis l'humain entier. Sa longue histoire
se retrouve en moi. Je suis le produit sophistiqué d'une
longue formation indissociablement naturelle et
culturelle. À la manière de Whitman, je me retrouve
dans tous les humains, dans tout ce qu'ils sentent et
éprouvent. Non pas que je l'expérimente actuellement,
mais tout cela est en moi virtuellement ou potentiellement, du fait de partager la même condition. Si cela
leur arrive, pourquoi cela ne m'arriverait-il pas ? En tout
cas, cela pourrait m'arriver, pourra m'arriver, peut
m'arriver et m'arrive en fait très souvent. Il n'y a pas
ceux qui savent et ceux qui ne savent pas, mais plutôt,
à la manière socratique, ceux qui prétendent savoir et
ceux qui savent qu'ils ne savent pas, les deux groupes
partageant tout de même la même condition d'igno-

rance. Tout ce qui arrive à un humain m'arrive également, virtuellement. Je ne suis pas à part, ni un saint,
ni un sage, ni un moins que rien, ni pire, ni meilleur
que les autres. Je ne suis qu'un reflet de ce que je
rencontre partout, les mêmes questions, les mêmes
obsessions. J'entre en contact avec les autres par l'entremise de ce que je ressens en moi-même. Non pas que
je sois les autres, mais je peux facilement communier
avec ce qu'ils peuvent ressentir. Je ne puis être étranger
même aux pires épreuves qu'ils rencontrent. Même si
je ne les vis pas, je peux facilement les imaginer à partir
de ce que je suis et de ce que je vis. Nous avons tous
la même proximité à la mort. Celle-ci nous talonne et
nous questionne tous également. Aussi incompréhensible et énigmatique puisse-t-elle être, nous savons tous,
d'une évidence indubitable, que nous la rencontrerons
tôt ou tard. Nous oublions tous ce rendez-vous et faisons
comme si de rien n'était. Nous nous enfermons en nous-
mêmes, nous divertissons à la manière pascalienne,
avons l'impression d'être isolés et différents de tous les
autres, enfermés dans nos frontières étanches, donnant
le change et portant haut nos masques. Mais justement,
nous faisons tous la même chose, cet isolement nous est
commun, et nous unit secrètement loin de nous séparer.
Notre masque commun est une mince couche qui nous
révèle mieux encore que notre nudité. Donc, bien au-
delà du moi, c'est l'humain qui vit en moi, et je porte
pour ainsi dire toute l'humanité, à la manière du Christ,
non seulement en ses drames et tragédies, en ses
tristesses et ses douleurs, mais aussi en ses joies et
légèretés, en ses rires et ses plaisirs. Je suis toute l'humanité, je suis dedans, je suis embarqué, loin que je
puisse juger ou condamner de l'extérieur. Qui serais-je
pour juger? Les défauts, les défaillances, les manques,

les folies, voire les monstruosités font partie de la
condition humaine, et c'est avec toute l'étendue du
spectre de celle-ci que je vis. De porter ainsi l'humanité
induit un affect puissant de compassion et d'admiration :
quel courage involontaire il faut pour faire face à des
questions qui ne se laissent jamais résoudre, ou qui se
transforment en d'autres questions ! Il induit également
un affect de responsabilité et d'innocence. Les problèmes
concrets, vitaux, que je puis résoudre, c'est aussi l'humanité qui les résout par moi. Je suis aussi gratuit que
la vie, aussi « sans pourquoi » que la rose, comme l'écrit
Angelus Silesius. Il n'y a d'autre but à la vie que vivre,
comme il n'y a d'autre but à l'univers que d'être. Devant
le ciel étoilé, devant ma propre existence, je suis
confronté au mystère de l'« il y a » : il en est ainsi, je le
constate, mais je ne peux l'expliquer, je ne peux dire
pourquoi. Plus encore, je ne peux le comprendre, cela
m'échappe, mon esprit ne peut comprendre l'univers
dans lequel il se trouve, comme il ne peut se comprendre
lui-même. Il est donné à lui-même comme l'univers. À
la base, il ne sert à rien. En regard de toutes les obliga-
tions que l'homme s'impose, l'univers et la vie, l'homme
lui-même, sont inutiles. Utilité, efficacité, réussite,
performance sont des notions « humaines, trop humaines », et n'ont de valeur ou de signification qu'à
l'intérieur de la bulle humaine. Les tâches et les buts
particuliers que je m'impose ne sont pas nécessaires, et
ont, eux aussi, quelque chose de gratuit. Je peux tout
laisser tomber, ne rien faire, ou faire le minimum vital.
Et puis après ? J'échouerai peut-être alors aux yeux du
monde, peu importe, puisque celui-ci est déjà, à
plusieurs égards, un échec aux yeux de la vie. Comme
le demandait le cinéaste Alain Resnais, puisque nous
allons mourir, pourquoi nous presser ?

Nous ne nous connaissons pas, ne pouvons pas nous connaître. Nous nous suivons, sommes témoins de ce qui nous arrive et de ce que nous ressentons, avons conscience de nous-mêmes, mais nous ne savons pas qui nous sommes, ne pouvons faire le tour de notre être, ne pouvons jamais conclure, mettre un point final. Nous sommes plutôt emportés dans le temps, tel un fleuve, toujours présent à lui-même, mais qui, lui non plus, ne se connaît pas, toujours étonné de se jeter dans la mer et recommençant sans cesse son parcours, toujours alimenté d'une nouvelle eau, comme l'affirmait Héraclite. De même, nous avançons, percevons, imaginons, apprenons, réfléchissons, avons parfois l'impression de comprendre, mais sommes toujours dépassés par le flux qui nous emporte. Au moment de mourir, nous nous retrouvons dans la même position, une fois de plus étonnés, dépassés, ne pouvant saisir ce qui se passe, emportés, là encore malgré nous, sans véritable totalisation de notre être toujours ouvert à l'événement, sans autre identité que celle de cette avancée dans le sentir et l'éprouver, avec quelques images qui insistent du passé, quelques espérances quant au futur. Nous sommes comme la chauve-souris dont parle Rilke : ainsi qu'une fêlure se fait dans une tasse, par notre sillage nous fendons la porcelaine du soir [6]. Nous sommes une fêlure qui avance en zigzag, une fêlure qui sent et se sent, qui ressemble plus à un

6. R. M. Rilke, *Les élégies de Duino, Les sonnets à Orphée*, traduit par A. Guerne, Paris, Seuil, « Points », 1972, p. 79. Toute la huitième élégie est un des plus beaux textes sur l'animal et sa souffrance muette. La souffrance met tous les vivants sur le même pied. Elle a quelque chose de profondément anonyme, à la fois singulier et universel. C'est toujours par-delà soi-même — quel que soit ce soi-même, celui d'un homme ou d'un animal —, que l'on souffre. Comme le dit Akhmatova, ce n'est pas moi, c'est

rien qu'à un être, qui ne perçoit qu'obscurément, ne comprend que partiellement, tracée malgré elle dans l'infini, telle une ombre, ou le rêve d'une ombre, comme l'écrivait Pindare[7].

Beaucoup pensent qu'il faut connaître, comprendre, expliquer, sinon l'existence humaine n'a pas de sens. Et comme nous connaissons peu de chose, il nous faut alors croire[8]. Il s'agit, dans les deux cas, d'un

---

toujours un autre qui souffre, quitte à ce que cet autre constitue le noyau de mon être. C'est toujours la bête qui souffre dans l'homme.

7. Y a-t-il une plus belle définition de la vie que celle du moine zen, Maître Dôgen? «Notre vie/À quoi peut-on la comparer?/À la goutte de rosée/Secouée du bec de l'oiseau aquatique,/Où se mire le reflet de la lune.»

8. Remarquons que nous nous opposons ici à toute une philosophie de la «réincarnation» qui semble prendre le relais de la croyance chrétienne en l'immortalité. Fatigués d'une religion, nous nous enfermons dans une autre. Dans une telle philosophie sous forme de croyance ou d'idéologie, on laisse entendre qu'on subit maintenant, dans cette vie-ci, les effets de causes venues d'existences antérieures. S'il nous arrive un malheur, c'est parce que nous avons péché. Comme on le voit, le fond de l'Orient rejoint celui de l'Occident: seules les modalités varient. Le malheureux est donc doublement puni. D'une part par le malheur qui le touche, d'autre part par la culpabilité qu'on tente subrepticement de lui inculquer, ne serait-ce que par rapport à une existence antérieure dont il n'a, avec raison, aucun souvenir. Le pauvre doit assumer la responsabilité de sa pauvreté, innocentant par le fait même les véritables responsables: ceux-ci sont donc, à l'inverse, doublement favorisés. Le pire effet d'une telle idéologie est de justifier bêtement les choses telles qu'elles sont: le riche mérite sa richesse, et notamment le capitaliste a raison d'exploiter les travailleurs, comme le pauvre mérite sa pauvreté et doit tendre, par une existence impeccable, notamment sans pensée négative, sans agressivité ou sans révolte, à mener lui aussi, dans une autre vie après la mort, selon les chrétiens, ou une autre incarnation, selon les bouddhistes, l'existence bienheureuse d'un capitaliste bien dans sa peau, parce que justifié par toutes les religions du

désir impérialiste de l'homme qui contiendrait ainsi idéalement dans sa conscience l'Un-Tout, l'Origine et la Fin, l'Être et le Néant, Dieu et la Matière, etc. Mais tous ces concepts ou ces notions ont été des tentatives de l'homme de nommer, et ont été l'objet de diverses critiques. Il s'agit d'hypothèses, de spéculations, et non de connaissance, d'explication ou de compréhension. Mais l'homme a-t-il vraiment besoin d'en savoir tant? Il a besoin de savoir pour agir, mais a-t-il besoin de connaître le secret dernier des choses, à supposer que celui-ci existe? Et de quelle connaissance s'agit-il, de celle de l'intellect ou de l'entendement, qui s'exprime en un langage conceptuel ou mathématique, ou d'une

---

monde. En d'autres mots, nous rejoignons l'intuition de Leibniz, heureusement ridiculisée par Voltaire: «Nous sommes dans le meilleur des mondes possibles.» Évidemment, une telle idéologie prédispose assez peu à la lutte! Dans une telle philosophie, il y a une peur panique et veule de la vie telle qu'elle est, avec ses injustices, ses rapports de forces, son absurde hasard, et donc la nécessité de combattre, de faire face et de créer. Là en effet où l'on invoque fantasmatiquement une existence antérieure, n'a cours en réalité, bien souvent, que le plus absurde des hasards, que le plus injuste des rapports de forces. Il faut bien comprendre que là où frappe le malheur, la plupart du temps, il n'y a aucune responsabilité ou culpabilité personnelle d'impliquée. Le concept d'accident le dit bien: cela aurait pu ne pas arriver, ou arriver autrement, ou arriver à un autre. Ou encore, cela dépend de tellement de facteurs appartenant à des dimensions ou à des domaines divers qu'il est impossible de démêler l'écheveau. Ces concours de circonstances ne font pas système, ils ne découlent pas d'une volonté bien arrêtée, tout au plus entremêlent-ils, en leurs réseaux rhizomatiques, des volontés divergentes. C'est comme pour la fourmi que l'on écrase sans y penser en marchant dans un sentier: arbitraire, hasard, absurdité. Certes, quand l'homme est confronté à l'accident, à l'absurdité, à l'arbitraire, il tente de donner un sens, de trouver des causes et des raisons, d'inventer une nécessité. C'est ce que font toutes les religions du monde. Sous l'influence de celles-ci, l'homme a tendance à trouver une «explication» du côté d'une faute ou d'un péché. Comme le dit

connaissance plus fine ou subtile, celle de l'intuition, de la complicité, de la symbiose, du flair ou du tact, de l'empathie ou de la sympathie ? Ce que nous ne pouvons mettre en formules et en mots, en idées claires et distinctes, pour parler comme Descartes, ne pouvons-nous le sentir ? On pense trop souvent qu'il n'y a qu'un modèle valable de connaissance. Mais l'animal ne connaît-il pas en dehors de toute science, de toute

---

Nietzsche, « ce qui révolte dans la souffrance ce n'est pas la souffrance en soi, mais le non-sens de la souffrance » (*La généalogie de la morale, op. cit.*, p. 261). Mais encore faut-il faire un effort, et donner un sens qui résiste aux assauts critiques de la raison, qui se tienne debout par lui-même, et pas seulement grâce aux béquilles de la foi et de la crédulité. En réalité, « je » suis le résultat d'un coup de dés, je ne me suis pas fait dans une existence antérieure, mais je me reçois tel un don. Je n'ai pas demandé à exister ni à être celui-là que je suis. C'est à partir de là seulement que je peux faire quelque chose et que je dois aller de l'avant. L'homme n'est pas plus responsable d'être homme, que le chien d'être chien, le lion lion, la tulipe tulipe, etc. Chacun est « sans pourquoi », est un mystère pour lui-même. Son apparition est un don. Chacun est étonné d'être et d'être ce qu'il est, dépassé par lui-même. Le fond de l'être et de l'existence est gratuité et innocence, et ce n'est qu'à partir d'elles qu'il peut y avoir une responsabilité et, éventuellement, une culpabilité. Concrètement, peut-on mesurer la part de responsabilité personnelle dans une existence ? Tellement dépend de la multiple altérité, sous la forme d'un conditionnement biologique et social, sous la forme des circonstances, du hasard, etc. Pourquoi l'un réussit et l'autre échoue ? Et qu'est-ce qu'une réussite, qu'est-ce qu'un échec ? De plus, qui pourrait affirmer que l'homme est supérieur à l'animal sur la voie des réincarnations successives menant à la perfection du nirvana ? La pensée par laquelle l'homme se caractérise est-elle nécessairement un signe de supériorité ? Si elle est capable du meilleur, n'est-elle pas aussi capable du pire ? Comment affirmer que l'esprit humain est supérieur à l'esprit animal, par exemple celui d'un lion ? Celui-ci n'est-il pas parfait dans son monde et, qui plus est, en regard du nôtre, dans sa façon d'être, ne nous offre-t-il pas un modèle d'harmonie et de sagesse ?

pensée et de tout langage, tels que nous les entendons, d'une connaissance immédiate, silencieuse, instinctive ? Le pied de l'homme ne connaît-il pas à sa façon la terre de par sa conformation même qui s'y ajuste ? Ne l'épouse-t-il pas a priori ? La pierre ne connaît-elle pas la physique atomique mieux que Bohr ou Heisenberg ? Qui connaît mieux l'embryologie que l'embryon ? L'intelligence n'est pas le propre d'une faculté spirituelle spécialisée, mais est le fait de tout corps. La Nature n'est-elle pas infiniment plus intelligente que la raison humaine, trop humaine ? Ce que nous appelons l'ignorance n'est donc pas contraire à une forme supérieure (ou inférieure, à ce niveau ces catégories sont sans importance) de connaissance.

Ce que nous ne pouvons exprimer en un langage scientifique, ne pouvons-nous pas l'exprimer par la poésie, par la peinture, par la danse, par la musique, par le silence ? Et le savoir de ceux-ci n'est-il pas profondément complice de l'ignorance ? L'ignorance n'est-elle pas, tout compte fait, une meilleure atmosphère pour la vie que le prétendu savoir, elle qui laisse le mystère et l'inconnu intacts, qui donne du piquant à la vie, qui la « réenchante » au diapason du monde lui-même ? De toute façon, il nous est impossible de connaître le secret des choses, car celui-ci n'est qu'une projection que nous faisons nous-mêmes dans une sorte d'arrière-monde. Le secret, c'est ce qui se trouve précisément au-delà des limites de notre connaissance, secret forcément confectionné sur le modèle de ce que nous connaissons (comme nous projetons ce qui se passe après la mort sur le modèle de ce que nous connaissons pendant la vie). Mais ce qui se trouve au-delà des limites de notre connaissance, nous ne pouvons le désigner proprement que négativement, comme l'*inconnu*. Cet inconnu n'est pas le résultat d'un défaut, mais est constitutif de la nature des choses dont nous sommes un «fragment», pour parler comme Spinoza. La connaissance ne peut que se rapporter à ce qui est de même nature qu'elle, la pensée ne peut que se rapporter à l'être, comme le savait déjà Parménide, et donc le néant, le rien, le vide ne peuvent qu'échapper, ne peuvent insister qu'en creux, qu'en retrait. En d'autres mots, cet inconnu est inconnaissable, comme une partie de nous est positivement inconnaissable pour nous-mêmes. À vivre ainsi, dans l'ouverture de ses questions, en ne les refermant pas artificiellement sur de fausses réponses, l'homme est semblable au funambule qui avance sur sa corde : il doit être tout entier à ce qu'il fait pour ne pas tomber. Il ne sait où il va, ne tient rien pour acquis, ne se repose sur aucune certitude.

Mais quelle excitation d'avancer ainsi en plein mystère, combien toute chose devient rare et précieuse, combien les sens et l'esprit s'en trouvent aiguisés ; nous retrouvons l'émotion de l'enfant qui, lui aussi, et beaucoup plus que l'adulte, s'avance dans un monde vierge, magique, tout à la fois terrible et merveilleux. Il est vrai que nous savons peu de chose, que nous pouvons donner peu d'explications, mais n'est-ce pas là la source de la joie de vivre ? N'est-ce pas là ce qui nous rend d'autant plus attentifs à tout ce qui est, à tout ce qui arrive ?

Ceux qui savent, ou prétendent savoir, qui ne se posent plus de questions, qui sont tout entiers pris dans le savoir-faire, dans l'efficacité et l'utilité, sont vite blasés. Eux aussi s'avancent dans le mystère sans le savoir. Tout leur prétendu savoir, y compris celui qui leur provient de leurs croyances, n'est qu'un masque rassurant. Comme l'écrit Blanchot, «ils ne savent rien de cette immense déroute où ils s'en vont[9] ». C'est au contraire parce qu'il n'y a pas de sécurité, et pas de chemin, que l'homme doit être attentif à chacun de ses pas. Il ne sait pas, mais éprouve. Il tâtonne et titube, il erre, il avance, comme les planètes, comme les galaxies. Il flotte avec la terre dans le ciel étoilé. Comme celui-ci, il est simplement. Il n'a rien à accomplir, rien à réaliser. Son existence n'a pas de raison et pas de but. Le mystère est la joie à laquelle sa vie s'alimente. Quelle joie en effet de ne pas pouvoir expliquer, mais de se baigner dans le ciel comme on se baigne dans un lac, en se laissant flotter ! Les explications sont tellement peu de chose, tellement réductrices, tellement partielles, tellement éphémères ! Elles font elles-mêmes partie de ce qu'il y a à expliquer. Comment une partie pourrait-elle comprendre le tout ? Quand il n'y a rien à comprendre et rien à expliquer, il reste encore à contempler. Il reste à être. Être pour être, purement et simplement. Pur mystère de l'« il y a » ! Je suis dans ce qu'il y a ! Je suis avec les autres êtres, les humains, les pierres, les plantes, les animaux. Je suis complice, dans une relation affective avec tout ce qui est et qui vit. Je suis parmi plusieurs. Il ne s'agit pas de faire, d'accomplir, mais d'habiter intensément l'ouverture qui est d'emblée contact. Cette ouverture, c'est l'action ou la passion d'être.

---

9. M. Blanchot, *L'amitié*, Paris, Gallimard, 1971, p. 232.

TABLE DES MATIÈRES

Extrait du catalogue

Sébastien Charles, *Une fin de siècle philosophique. Entretiens avec Comte-Sponville, Conche, Ferry, Lipovetsky, Onfray, Rosset*

Louis-André Dorion, *Entretiens aevc Luc Brisson. Rendre raison au mythe*

Robert Hébert, *Dépouilles. Un almanach*

Jacques Marchand, *Autonomie personnelle et stratégie de vie*

Guy Ménard, *Petit traité de la vraie religion. À l'usage de ceux et celles qui souhaitent comprendre un peu mieux le vingt et unième siècle*

Alexis Nouss, Simon Harel, Michael LaChance (dir.), *L'infigurable*

Michel Seymour (dir.), *Nationalité, citoyenneté, solidarité*

Laurent-Michel Vacher, *La science par ceux qui la font*
—, *La passion du réeel. La philosophie devant les sciences*
—, *Entretiens avec Mario Bunge*
—, *Découvrons la philosophie avec François Hertel*
—, *Histoire d'idées, à l'usage des cégépiens et autres apprentis de tout poil, jeunes ou vieux*

Ce deuxième tirage a été achevé d'imprimer
en septembre 2000
sur les presses de Marc Veilleux imprimeur
Boucherville, Québec